들뢰즈로 말할 수 있는 7가지 문제들

리좀총서 03
들뢰즈로 말할 수 있는 7가지 문제들

초판 1쇄 인쇄 _ 2008년 5월 15일
초판 1쇄 발행 _ 2008년 5월 25일

지은이 _ 신지영

펴낸이 _ 유재건
주　간 _ 김현경
책임편집 _ 주승일
편　집 _ 박순기, 박재은, 홍원기, 강혜진, 임유진, 진승우
마케팅 _ 이경훈, 이은정, 정승연
영업관리 _ 노수준
경영지원 _ 양수연
유통지원 _ 고균석

펴낸곳 _ 도서출판 그린비 · 등록번호 제10-425호
주소 _ 서울시 마포구 동교동 201-18 달리빌딩 2층
전화 _ 702-2717 · 702-4791
팩스 _ 703-0272

Copyright ⓒ 2008 신지영
저작권자와의 협의에 따라 인지는 생략했습니다.
이 책은 저작권자와 그린비출판사의 독점계약에 의해 출간되었으므로
무단전재와 무단복제를 금합니다.
책값은 뒤표지에 있습니다.

ISBN 978-89-7682-310-6 04100
　　　 978-89-7682-302-1 (세트)
이 도서의 국립중앙도서관 출판시도서목록(CIP)은 e-CIP홈페이지(http://www.nl.go.kr/ecip)에서
이용하실 수 있습니다.(CIP제어번호: CIP2008001475)

그린비 출판사 나를 바꾸는 책, 세상을 바꾸는 책
홈페이지 _ www.greenbee.co.kr
전자우편 _ editor@greenbee.co.kr

차이의
존재론에서
미학적
실천까지

들뢰즈로 말할 수 있는
7가지 문제들

신지영 지음

그린비

책머리에

들뢰즈를 둘러싼 나의 아펙트들(affects)

누군가 내게 반론을 제기할 때마다, 나는 이렇게 말하고 싶어요. "그래요, 그래, 자, 다른 것으로 넘어갑시다"라고요. 반론으로는 이제껏 아무 소득도 없었답니다. 일반적인 질문을 받을 때에도 마찬가지입니다. 이때 중요한 것은 질문에 대답하는 것이 아니고 벗어나는 것이죠.[1]

들뢰즈를 처음 접했을 때부터 지금까지 내가 읽었던 그의 글들은 항상 이런 식으로 나에게 탈출구를 선사해 주었다. "그래요, 그래, 자, 다른 것으로 넘어갑시다"라고 말하고 싶은 나의 욕구가 정당하다는 종류의 탈출구 말이다. 사람들은 그저 살아가면서도, 또는 진지한 토론을 할 때에도 여러 가지 질문들을 주고받는다. 그리고 그 질문에 '잘' 대답하는 것이 중요하다고 생각한다. 그런데 나는 그런 질문과 그에 대한

---

1) 질 들뢰즈 · 클레르 파르네, 허희정 · 전승화 옮김, 『디알로그』, 동문선, 2005, 7~8쪽.

대답을 들을 때마다, 잘 대답하고 싶은 욕구보다는 이와 같이 말하고 싶은 욕구를 느낀 적이 많았다. "그래요, 그래, 자, 다른 것으로 넘어갑시다"라고. 그럴 때마다 나는 내가 잘못된 것은 아닌가, 내가 무책임하거나 회피성 인간인가 하는 자책을 하곤 했다. 그런 나에게 질문에 대답하는 것이 아니라, 질문을 벗어나는 것이 중요하다고 말하는 들뢰즈는 정말 나에게는 시원한 폭포수 같았다. 내가 위와 같은 말을 하고 싶었던 경우는 이랬다. 질문을 하는 자와 대답을 하는 자가 모두 자기의 질문과 대답에서 맴돌고 있거나, 질문과 대답의 과정이 모두 자기를 확인하는 과정일 뿐이거나, 아주 나쁠 때는 서로가 무슨 말을 하는지 전혀 이해하지 못하는 경우. 혹은, 질문이 본질을 은폐하거나, 왜곡하거나, 우리로 하여금 질문이 전제하는 방식의 사유를 강요하는 경우. 이 모든 포획망으로부터 빠져나가고자 하는 것이 얼마나 정당한지를 가르쳐 준 것이 들뢰즈이다. 들뢰즈는 심지어 이런 이야기도 한다: 토론이란 건 전혀 필요 없습니다. 이해되어야 할 것은 이미 이해되었고, 이해되지 못할 것은 토론을 해도 이해되기 않기 때문입니다. 이런 말을 할 때면 들뢰즈가 소통에 관한 한 아주 비관적인 전망을 가지고 있는 것 같지만, 사실은 그렇지도 않다. 이를테면 소통에 관한 철학적 미로에서 다음과 같은 말을 들을 때는 더욱이 새로운 청량감을 느끼게 된다.

우리가 오이디푸스에 대해 간직해 온 것은 자신의 도주선 위에서 지각 불가능하게 되고, 살아 있는 위대한 비밀과 동일시된 콜로노스의 오이디푸스가 아니라, 더러운 작은 비밀입니다. 위대한 비밀은 당신이 더 이상 아무것도 숨길 것이 없을 때, 그리하여 어느 누구도 당신

을 붙잡을 수 없을 때 존재하지요. 비밀은 도처에 있고, 할 말은 하나도 없는 것이죠.[2]

"비밀은 도처에 있고, 할 말은 하나도 없는"데, 소통이 되지 않을 이유가 있겠는가? 들뢰즈의 이런 말을 들으면, 나는 서로 선문답을 주고받는 것 같기도 했는데, 나에게 더욱 중요했던 것은 들뢰즈의 이와 같은 언설들이 모두 치밀한 존재론적 기반을 가지고 있다는 점이었다.

그러나 가령 누군가 여행에 관련된 사진전을 열면서 들뢰즈의 '유목민'에 관한 구절을 인용한다든지, 어디든 들고 다닐 수 있는 노트북을 광고하는데 사람들이 들뢰즈의 '유목민'을 떠올린다든지, 나와 다른 것을 인정하자면서 들뢰즈의 차이 존재론을 이야기한다든지 하는 경우를 겪을 때 나는 몹시 불편했다. 나는 D. H. 로렌스가 했다는 그 말을 들뢰즈의 경우에도 하고 싶었다: "당신들은 나를 좋아한다고 말하지만, 내 말을 들어 보세요, 정작 당신들은 나를 좋아하지 않으며, 본능적으로 나라는 동물을 싫어한단 말입니다."[3] 들뢰즈가 정작 하고 싶은 말이 얼마나 그들의 필요와 다른지, 너무나 밝혀지지 않았다는 생각이 들었다. 이를테면 다음과 같은 구절이 이를 보여 준다.

도주란 딱히 여행이 아니며, 심지어 움직임도 아닙니다. 무엇보다도 우선, 지나치게 역사적이고 문화적이며 조직화된 프랑스식 여행이란

---

2) 들뢰즈·파르네, 『디알로그』, 92~93쪽.
3) 같은 책, 25쪽 재인용.

것이 있기 때문입니다——이 속에서 사람들은 자신들의 '자아'를 운송하는 데 만족하지요. …… 오히려 유목민이란 움직이지 않는 사람들, 제자리에서 형성되는 도주선을 따라 부동의 상태에서 성큼성큼 걸어다니는, 스텝 초원에 꼭 달라붙어 사는 사람들, 가장 위대한 신무기 개발자들이라고 토인비는 말합니다.[4]

'자아'를 운송하는 데 만족하는 많은 이들이 들뢰즈를 인용하며, 궁금해한다. 하나의 정체성, 하나의 무리, 하나의 패권을 지키거나 욕망하는 이들이 자기를 차별화하면서 들뢰즈를 인용하곤 한다. 참으로 불편한 일이었다. 들뢰즈가 말하듯이 "욕망은 언제나 더 많은 연결접속과 배치를 원하기 때문에 혁명적"[5]인 데도 불구하고, 아주 보수적인 일에 들뢰즈가 쓰이고 있었다. 또는 더 나쁜 경우에는, 이러한 '혁명성'이 그저 기존의 가치의 파괴로, 기준의 폐기로 여겨지면서, 들뢰즈의 존재론이 윤리적 무책임함으로, 대책 없는 비판으로 오해되었는데, 이 역시 같은 정도로 불편한 일이었다.

그리하여 나에게는 일종의 책임감이 생기기 시작했다. 들뢰즈와 관련한 오해를 교정하고 편견에 대해서는 설득력 있게 반박하는 일, 들뢰즈가 만든 수많은 개념들이 추상적이거나 무책임한 것들이 아니라 구체적인 내용을 겨냥한다는 것을 하나하나 보여 주는 일, 특히나 윤리적인 문제에 있어서는 무정부주의가 아니라 오히려 더욱 철저한 행동

---

4) 같은 책, 74~75쪽.
5) 같은 책, 146쪽.

학이라는 것을 증명하는 일, 자본주의나 가족, 혹은 여성주의 등 들뢰즈와 관련하여 말할 수 있는 모든 것에 대해 가능한 한 정확한 입장을 취하는 일 등. 이러한 책임을 완수할 수 있을지는 모르겠지만, 나에게서 이러한 욕망은 이미 들뢰즈를 둘러싼 수많은 접속과 배치에 의해 구성되었고, 작동되기 시작하였다. 이 책은 이러한 나의 들뢰즈를 둘러싼 다채로운 감각들로부터 생산된 여러 논문들을 묶은 것이다.

책의 구성

책을 크게 3부로 나눈 것은 그의 존재론의 주된 축을 이루는 개념인 '차이', '의미', '욕망'을 미력하나마 모두 아우르고자 하는 의미가 담겨 있다. 첫번째 글인 '들뢰즈의 역사성'에서는 들뢰즈의 역사적 의미를 밝히고자 노력했는데, 그 핵심인즉, 들뢰즈와 들뢰즈를 아우르는 현대 프랑스 철학이, 단지 여러 조류들 가운데 하나가 아니라, 플라토니즘이 아닌 유일한 형이상학이며, 형이상학의 부활이라는 점에 있다. 플라톤 이래의 철학이 플라토니즘에 대한 주석이라는 의미에서, 들뢰즈 이후의 철학이 들뢰지즘에 대한 주석이 될지는 알 수 없는 일이다. 하지만 푸코가 "이 세기는 들뢰즈의 세기"가 될 거라고 말한 이유는 바로 거기에 있다는 점을 밝히고자 했다. 동일자의 형이상학 이래, 차이에 기반한 형이상학의 반향은 컸다. 존재가 생산수단의 소유 여부에 따라 부르주아와 프롤레타리아로 나뉜 이래, 인간과 세계의 문제는 점차 더욱 복잡해져서, 이제는 이 두 계급으로도 풀리지 않는 여러 문제들이 생겨났으니, 여성, 장애인, 동성애자, 제3세계 등등의 문제들이 그러하다. 인간이라는 하나의 이데아로는 이 문제들을 해결할 수 없고, 마르크스의 유물론으로도 풀리지 않으니, 이제는 이런 다수의 문제를 뒷받침하거나 설명하거나 해결할 수 있는 새로운 철학이 요구되었고, 차이의 존재론이 이에 정확하게 반응했다. 그런데, 들뢰즈 스스로 "도주선에는 항상 '배반'이 있다"[6]고 말했듯이, 그의 존재론은 궁극적으로 이 모든 소수자들이 패권을 잡거나 스스로를 주장하는 지점에서는 언제나 이들을 배반하였고, '지각할 수 없는 것'이 되어 버린다: 도대체 들뢰즈란 무엇일까? 이런 생각이 들게 만드는 것. 이런 식으로 들뢰즈는 스스로 '지각 불가능하게-되기'를 실천한다.

두번째 글은 그래서 가장 예민할 수 있는 문제들 가운데 하나인 '여성주의와 들뢰즈'의 관계를 다루었다. 여성이라는 소수성, 그것과 들뢰즈의 '차이'는 엄격하게 보면 '다르다'. 그것이 이 글의 핵심이다. 다시 들뢰즈의 말을 빌리자면, "여성들이 제 나름의 유기체, 제 나름의 역사, 제 나름의 주체성을 쟁취하기 위해서 그램분자적인 정치를 이끌어 가는 것은 불가결한 일이다. …… 그러나 이러한 주체에만 만족하는 것은 위험하다."[7] 나는 여성임에도 불구하고 들뢰즈에 동의한다. 들뢰즈주의자이자 여성학자인 어떤 이는 들뢰즈를 일부 비판하면서 이 둘을 결합하려고 시도하는데, 나는 이러한 결합이 궁극적으로는 필요하지 않다고 보는 쪽이다.

세번째 글은 김기덕의 영화 이미지를 들뢰즈로 분석한 글이다.

---

6) 들뢰즈·파르네, 『디알로그』, 80쪽.
7) 질 들뢰즈·펠릭스 가타리, 김재인 옮김, 『천 개의 고원』, 새물결, 2001, 523쪽.

"국제 영화제의 김기덕-매니아"라는 말이 있을 정도로, 김기덕은 상을 많이 타면서도 전혀 이해되지 않는 감독이다. 김기덕의 의미는 무엇일까? 나는 그것이 처음에는 '힘'으로 느껴졌다. 김기덕의 영화 「사마리아」를 보고 나서 받은 느낌은 그것이 다였다. 아주 강한 힘이 화면 구성과 시나리오에서 느껴졌다. 그 힘의 정체를 길게 풀어낸 것이 이 글이다. 여기에서 나는 김기덕이 보는 그 세계가 들뢰즈의 잠재적인 것(le virtuel)의 세계라는 점을 증명하려고 애썼고, 내러티브에 있어서는 그리스 비극이 보여 주는 순환적인 이야기의 구조와 다르다는 점을 보여주려고 했다. 그러나 이 지면을 빌려 이렇게 말하는 편이 더 좋을 것 같다: 김기덕 스스로 소수자이면서 그 영화 또한 소수적인 것은, 어쩌면 그와 그의 세계가 어떠한 동일자로도 포획되지 않는 야생의 힘을 표현하고 있다는 데 있다. 그 힘은 매 장면마다 그 다음 장면을 예측할 수 없게 만든다. 이는 어떠한 화면도 이미 난 길로 쉽게 가지 않는다는 뜻이며 그것은 동일자가 동일자를 낳는 유기체의 법칙을 깬다는 것을 의미한다. 이 예측 불가능성은 관객을 긴장시키는데, 내가 생각하기에 이러한 점은 관객뿐만 아니라 감독 자신도 긴장시킬 것이 분명하다. 김기덕은 이 긴장을 끝까지 유지하는데, 이 긴장을 유지한다는 것은 쉬운 일이 아닐 것이다. 감독은 자기가 만든 영화를 볼 관객과 이 영화에 투자하는 투자자, 그리고 궁극적으로는 자본을 생각하지 않을 수 없는데, 이 힘을 끝까지 견지한다는 것은 관객의 기대, 투자자의 기대, 자본의 기대와 전혀 타협하지 않는다는 뜻이기 때문이다. 그리고 내가 생각하기에는 김기덕이 견지하는 이 힘이 바로 들뢰즈가 말하고자 하는 바로 그 잠재적인 것 그 자체(또는 차이 그 자체)의 힘이다. 이 힘을 감당하는 존재에 대해서 들뢰즈는, 스스로는 개념을 만들지 않았고, 니체를 빌려 '초인'이라 불렀다.

윤리를 다루는 것은 나에게 아주 힘든 일이었다. 들뢰즈의 존재론에 의하면 하나의 도덕 명령, 또는 여러 개의 도덕 명령을 가질 수 없다는 것이, 오히려 더욱 견지하기 까다로운 도덕 명령일 수 있다는 생각은 너무 오랜 뒤에야 나에게 떠올랐다. 이러저러하게 구성되고, 이러저러한 교육으로 형성되고, 이러저러한 도덕에 길들여진 어떤 존재가 내리는 어떤 판단에 대해, "모든 것이 가능하다"라고 말하는 것이, 윤리적 방종을 뜻하는 것이 아니라, 오히려 더욱 "정의로운" 판단을 유도하는 것이라는 점을 깨닫는 것이 왜 그렇게 힘들었을까? 나는 이 문제를 풀기 위해 참 먼 길을 돌아간 것 같다. 일단은 도덕 법칙이나 원리가 애초에 허구였다는 점부터 증명했다. 그리고 그렇지 않은 차이의 윤리 혹은 차이의 행동학에 합당한 인간의 능력은 무엇일까를 푸는 것으로 길을 잡았다. 그리하여 당도한 것이 비인칭적 의식이다. 이 비인칭적 의식을 사유할 수 있는 기초가 된 들뢰즈의 논문이 이 책 마지막에 부록으로 실려 있다. 도덕 법칙이나 원리가 허구임을 증명하는 부분은 빼고, 대신 이 글로부터 할 수 있는 여러 논의들을 펼쳐 봤다.

다음 글은 들뢰즈와 선(禪)과의 관계를 다뤘다. 앞에서 이미 언급했지만, 들뢰즈의 많은 구절은 선문답을 연상시킨다. 들뢰즈가 선불교에 깊은 이해를 가지고 있는지는 미지수이지만, 들뢰즈가 선에 관심이 있었던 것은 사실이다. 그리고 『의미의 논리』에서는 그가 말하고자 하는 의미를 선의 유머로 풀어놓았으니, 들뢰즈의 구절들이 선문답을 연상시키는 것은 당연한 일이다. 들뢰즈의 글을 읽으면서 연상되는 동양적인 이미지를 글로 풀어 보려고 한 것이 '해학과 아이러니'에 관한 이 다섯번째 글이다. 들뢰즈와 도가를 해학으로 묶으면서, 이 둘의 윤리를 비교해 보고자 했다. 이 글에서는 『도덕경』이 상당 부분 정치적인 언설로 구성되어 있다는 것은 일부러 논외로 했다.

 욕망에 관한 부분은 아마도 들뢰즈의 다른 부분에 비해 더욱 뜨거운 감자이리라 생각한다. 정신분석학이 연루되어 있기 때문이다. 정신분석학과 신경증에 관한 깊은 논의는 다루지 못하거나, 하지 않았다. 욕망에 관해서는 단지 입문적인 의미에서 그 논의가 자본주의와 가부장제와 관련이 있다는 것을 설명하려고 했다.

 예술에 대한 논의가 욕망 부분에 들어가 있는 것이 의아할 수 있을 것 같다. 그러나 나는 들뢰즈의 예술을 광기와 연관시켜 생각하려고 했다. 플라톤 시대에 예술가들이 비하되면서 광인 취급당했던 것과 어찌 보면 일맥상통한다. 다만 광인(분열증)이 들뢰즈에게 있어서 존재의 모태인 잠재적인 것(차이)을 지각하는 자라는 점이 플라톤 시대와 다르다면 다를 것이다. 광기와 관련한 질병, 그리고 형태로서는 괴물에 대한 논의가 이어진다. 괴물적 형태라면 문득 '추하다'는 판단을 불러일으키는 괴기스러운 형태를 떠올리지만, 나는 그렇게 생각하지 않는다. 보통 괴물의 형태가 '추하게' 여겨지는 것은, 사람들이 상상하는 괴물이라는 것이 여러 유기체의 기관들을 조각조각내어 다시 질서에 맞지 않게 이어 붙여 만든 것들이기 때문인데, 이것은 들뢰즈로부터 만들어 낼 수 있는 괴물과는 다른 것이다. 보통 전통적인 의미에서 용의 모양을 만들듯이 이것저것 이어 붙여 만든 괴물은, 이미 있는 것들을 조각내어 붙여 놓은 것인 한, 사실 동일자의 논리로부터 벗어나지 못한 것이다.

들뢰즈의 괴물은 동일자 논리를 완전히 벗어난다. 가장 정확한 의미에서 괴물적 형태는 아마도 '사막'일 것이다. 들뢰즈가 종종 언급하는 사하라. 그것이 아마 가장 괴물적인 형태가 아닐까 싶다. 그 사막에 약간의 유기성을 가미하는 것은, 우리가 인간이기 때문에 허용되지 않을까? 사막에 약간의 유기성을 더한 형태는 어떨 것인가? 그 형태가 과연 추할까?

이러한 것들이 들뢰즈를 둘러싼 나의 사유와 그 흔적들이다. 나는 들뢰즈의 철학을 이러한 사유로 살아 내려고 노력했다. 그가 나에게 유발한 아펙트들을 출발점으로 삼아, 그의 개념들에 대한 이해를 토대로, 사유의 실험을 해보려고 했고, 그가 말하는 그 도주선을 그려 보려고 했으며, 지각 불가능한 것-되기의 훈련을 해보려고 했다. 말하자면, 이 글들은 이러한 사유 훈련과 그 실험에 쏟아 부었던 내 노력의 흔적이다. 마치 리좀처럼 이리 뻗고 저리 뻗어 나간 이 글들의 여러 선이, 다른 노력들과 다른 훈련, 다른 실험들과 만나, 끝없는 리좀을 만들기를 바란다. 그것이 이 글들로부터 내가 바랄 수 있는 최대치인 것 같다.

2008년 5월
신지영

C·O·N·T·E·N·T·S

• 책머리에 4

1부 존재와 차이

1_ 들뢰즈의 역사성 19
들뢰즈에 대한 오해 21 | 플라톤과 들뢰즈 25 | 맺음말 28

2_ 들뢰즈와 여성주의 30
차이의 담론 30 | 여성주의에서의 차이 31 | 여성주의의 차이와 들뢰즈의 차이 36 | 들뢰즈 철학에서 여성 42

3_ 김기덕 영화로 보는 이미지의 '잠재성' 45
김기덕 현상 45 | 김기덕 감독의 영화를 이해하는 열쇠—잠재성 48 | 김기덕과 들뢰즈를 잇는 세 개념—진실, 소통, 구원 55 | 영화 이미지가 표현하는 잠재성의 미학 65 | 보충 : 잠재성과 의미의 생성 68

2부 윤리와 의미

4_ 들뢰즈에게 어떤 윤리를 기대할 수 있는가? 73
도덕의 허구성과 억압성 75 | 들뢰즈의 새로운 윤리 79 | 들뢰즈의 윤리성에 대한 질문과 답변 92

5_ 해학과 아이러니 : 들뢰즈, 웃음, 도가 108
　도가에 대한 변증법적 해석의 오류 110 | 희극적 윤리 118 |
　결론 : 웃음의 윤리적 함축 128

3부 욕망과 실천

6_ 욕망의 문제로 보는 자본주의와 가족 133
　왜 욕망인가? 133 | 자본주의가 역사의 끝일까? 136 | 가족의 문제 142

7_ 들뢰즈의 미학이 존재하는가? 148
　들어가는 말 148 | 예술과 비예술의 구분 150 | 기괴한 진실 152 |
　분열-되기 164 | 맺음말 : 미메시스와 되기 175

부록

- 들뢰즈의 「내재성: 비개인적 생명...」 181
- 참고문헌 191
- 찾아보기 196

GILLES DELEUZE

1부

존재와 차이

1_ 들뢰즈의 역사성

들뢰즈는 1989년 5월에 영화를 만드는 데 관여하는 사람들과 가진 한 세미나에서 다음과 같은 질문을 한 바 있다.[1] "영화에 관해 하나의 아이디어(une idée)를 갖는다는 것은 무엇일까요?" 다시 말해서 "'잠깐, 나에게 생각이 있어!'(J'ai une idée)'라고 말할 때, 그 아이디어는 어떤 것일까요?" 들뢰즈는 이 질문을 통해, '일반적인' 아이디어란 없고, 아이디어란 언제나 어떤 구체적인 존재가 구체적인 상황이나 영역에 대해 가지는 것이라는 점을 이야기하고자 했다. 즉, "아이디어란 구체적인 것이다". 어원에 근거해 이 테제를 다르게 표현한다면 그것은, "'이데아'란 구체적인 것이다"가 되는데, 이는 들뢰즈의 철학을 가장 정확하게 요약하는 테제이다. 철학을 처음 접하는 사람이 들뢰즈의 세미나에 참석했다면 들뢰즈 이야기가 너무 당연하게 들릴 것이다. 그런데 참으로 아이러니한 것은 철학을 많이 공부한 사람들에게는 들뢰즈의 말

---

1) 들뢰즈의 이 강연은 녹음되었고, 부분적으로 전사되어 잡지에 실렸으며, 최종적으로는 그의 사후에 나온 논문 모음집에 실렸다. Gilles Deleuze, "Qu'est-ce que l'acte de création?", *Deux régimes de fous*, Minuit, 2003, pp.291~302.

이 도발적인 것으로 들린다는 것이다. 왜냐하면 첫째, 플라톤 이래 철학의 전통에서 개별적인 것의 '이데아'라는 것은 매우 생소하고, 둘째, 들뢰즈는 플라토니즘을 전복하는 철학자로 알았는데, 들뢰즈도 '이데아'를 말했다니 이상하게 느껴지기 때문이다. 앞으로 다시 이야기하겠지만, 플라톤과 들뢰즈가 모두 '이데아'에 대해 생각한다는 것은 부인할 수 없는 사실이고 공통된 점이다. 들뢰즈도 역시 본질에 대해서, 이데아에 대해서 생각한다. 그 점에 있어 들뢰즈는 매우 고전적인 철학자이다. 다만, 일반적인 이데아(하나에 매여 있는 이데아)와 구체적인 이데아(복수적인 이데아)의 차이가 있는데, 이 점이 바로 플라톤과 들뢰즈, 고전 형이상학과 현대 형이상학, 플라토니즘과 플라토니즘의 전복의 거리를 설명해 준다. 이에 대해서는 다시 설명할 것이다.

　들뢰즈는 스스로 매우 고전적인 철학자라고 생각했다. 문제는 우리다. 우리는 들뢰즈가 20세기 후반의 철학자라는 사실만으로 그가 동시대 철학을 대표할 것이라고 지레짐작했고, 섣불리 포스트모던 철학의 기수로 규정해 왔으며, 끊임없이 시대와 그를 연결하려고 애써 왔다. 또한, 들뢰즈 자신이 니체의 뒤를 이어 현대 철학의 임무를 플라토니즘의 전복으로 규정한 데에서 비롯하여, 우리는 그를 플라톤과는 전혀 상관이 없는, 그러므로 고전 형이상학, 또는 그 기획과는 전혀 상관이 없는 인물로 믿어 왔다. 그러나 그는 스스로 밝히고 있듯이, 고전적인 물음에 한평생을 바친 철학자이다. 그런데 아이러니하게도 바디우(Alain Badiou)는 바로 이 지점을 들뢰즈 비판의 토대로 삼는다. 들뢰즈가 (플라토니즘을 전복하겠다고는 했지만, 사실은) 비자발적 플라토니스트라는 것이다. 그러나 이 점은 비판의 이유가 될 수 없다. 왜냐하면 들뢰즈는 앞에서 밝힌 바와 같이 본질(본질이라는 개념을 사용하면서 염두에 둔 그것이 달랐을 뿐)에 대해 생각한다는 면에서 자발적 플라토니스트였으며, 들뢰즈가 플라토니즘을 전복하겠다는 것은 '하나'에 매여 있는 이데아를 전복하겠다는 것이지, 플라톤의 철학적 기획 전체를 부정하겠다는 것은 아니었기 때문이다. 이렇듯 그가 관심을 가진 것은 시대적인 것(즉 포스트모던한 것)이 아니라 그 시대가 포함하고 있는 것(영원하기 때문에 고전적인 것), 현재가 아니라 현재가 포함하고 있는 것으로서의 비현재적인 것(inactuel)이며, 바로 이 수준에서 플라톤과 들뢰즈가 만나는 것이다. 플라톤 이래의 들뢰즈, 이것이 철학사적인 지평에서 들뢰즈를 자리매김하는 가장 중요한 지표가 될 수 있을 것이다.

들뢰즈에 대한 오해

문제는 우리라고 한 마당에, 우리가 들뢰즈를 어떻게 이해하고 있는지부터 살펴보는 것이 좋을 것 같다. 들뢰즈의 '차이'에 대한 가장 일반적인 오해는 그것을 동일자들 **사이**의 차이나, 정치적인 의미에서 동일자의 체제에 포함되지 않는 집단적 의미에서의 **소수로서의** 차이로 이해하는 것이다.[2] 들뢰즈의 개념들은 많은 유행을 탔다. 들뢰즈를 이해하기 위해서 우선적으로 배제하여야 할 개념이 있다면 바로 이러한 **동**

---

2) 10년 전에는 '노마드'가, 그 이후로는 '차이'와 '타자'가, 어떤 때에는 '사건'과 '의미'가 유행했는데, '노마드'는 유비쿼터스로 상업화되고, 단순히 여행을 많이 하는 정처 없는 삶의 양식인 것처럼 세속화되었으며, '차이'는 나와 다른 차이를 인정하자는 정치적 모토로 변질되었다. 이 모든 것이 들뢰즈의 개념들에 대한 철저한 오해이다.

일자를 근거로 한 **구별**로서의 차이이다. 이를테면 소수 문학이나 차이의 정치라는 개념이 그러한 의미로 쓰이는데 이는 들뢰즈가 기획한 것이 아니다. 들뢰즈가 실제로 소외된 소수자들을 언급하지 않은 것은 아니지만, 들뢰즈는 '여성'에 대해 이야기하지 않고 n개의 성을 이야기하며, 보편으로 잡히지 않는 '차이'를 말할 때 그것은 보편의 근거로서의 '차이 그 자체'(différence en-soi)를 말하는 것이지, 또 다른 소수적 '정체성들'을 말하는 것이 아니다. 만약 '다수'에 대한 '소수들'을 이렇듯 다시금 하나의 '여성', 하나의 '인종', 하나의 '계급'으로 동일화하여 이해한다면, 그리하여 이들의 권리를 회복시키는 것을 소수 운동이자 차이의 정치라고 이해한다면 이것은 진정으로 심각한 들뢰즈에 대한 곡해이다. 이를테면 여성에 대한 들뢰즈의 다음 언급을 보자.

> 여성들이 제 나름의 유기체, 제 나름의 역사, 제 나름의 주체성을 쟁취하기 위해서 그램분자적인 정치를 이끌어 가는 것은 불가결한 일이다. …… 그러나 이러한 주체에만 만족하는 것은 위험하다. 이러한 주체는 원천을 고갈시키거나 흐름을 끊지 않고는 기능하지 못하기 때문이다. 종종 원한, 권력 의지, 차가운 모성에 의해 고무된 가장 메마른 여성에 의해 생의 찬가가 불리기도 하는 것이다. …… 또는 남녀 각각의 성이 반대쪽 성을 품고 있으며 자기 안에서 자신의 성의 반대 극을 발전시켜야 한다고 말하는 것도 충분하지 않다. 양성성은 양성의 분리라는 개념보다 더 나은 개념이 아니다.[3]

들뢰즈의 이 지적에는 우리가 소수에 대해 관심을 갖거나 정치화

할 때 범할 수 있는 모든 오류가 다 들어 있다. 들뢰즈가 말하는 차이나 소수는, 어떻게 말하면 '이름'으로 잡히지 않는 '모든 것'을 일컫는 무엇이다. 이미 '여성'으로 불린 어떤 존재가 강조되거나 두드러진다면, 그 이름으로부터 소외되는 무엇이 생기며, 들뢰즈는 항상, 이름으로부터 빠져나가는 이것에 관심을 둔 것이다. 그의 '소수'는, 사회적 의미에서 권력에 의해 배제된, 몰적인(집단적인) 의미에서의 소외자들을 지칭하려는 것이 아니었다.

이러한 오해는, 들뢰즈에 대한 우리의 관심이 지나치게 정치적인 문제에서 비롯되었다는 데서 기인한다. 우리는 오히려 들뢰즈를 온전히 이해한 상태에서, 그의 철학이 실재로는 전적인 정치철학이 아니라는 것을 '인정'할 때에, 비로소 그 정치적 쓰임새를 제대로 찾을 수 있다고 생각한다. 들뢰즈가 전개하고 있는 것은 전적으로 존재론이다. 그의 존재론이 펼쳐지는 시간은 연대기적 시간(temps chronologique)이 아니라 영원의 시간(Aiôn)이다. 이 시간은 연대기적인 시간인 현재가 연장되어 가 닿는 어디엔가 있는 시간(어떤 쓰임새에서는 영원을 이렇게 이해하기도 하는데, 이러한 시간)이 아니라, 현재와 공존하며 현재가 포함하고 있는 시간이다. 즉 '차이 그 자체'란 현재화되어 눈앞에 존재하는 존재자들이 그렇게 나타나는 것을 가능하게 하는 그 존재자의 존재 그 자체를 말하는 것이다. 이 존재 그 자체는 현재적 현재에 존재하지 않고 그 현재가 포함하고 있는 영원에 존재한다.

---

3) 들뢰즈·가타리, 김재인 옮김, 『천 개의 고원』, 새물결, 2001, 523쪽. 여성주의와 차이 논의는 이 책 2장 '들뢰즈와 여성주의'에 자세히 분석되어 있다.

〔니체의, 즉 들뢰즈의〕 비시간적인 것(intempestif)은 정치-역사적인 요소로 절대 환원되지 않는다. 그러나 종종 어떤 중요한 순간에 이 두 시간은 일치한다. 인도에서 사람들이 기아로 죽어 갈 때, 이 재난은 역사-정치적인 것이다. 그러나 사람들이 해방을 위해 싸울 때, 여기에는 언제나 시적인 행위와 역사적이거나 정치적인 사건이 일치한다.[4]

차이라는 존재는 정체성을 가진 것들이 현재라는 시간을 살 때, 그것과 함께, 그것의 바탕으로서 아이온이라는 시간에 존재한다. 아이온의 시간에 존속하는(subsister) 차이, 의미, 욕망은 스스로 무한히 자유로이 생산하나, 그 무한한 생산은 현재라는 시간과 의식이라는 기제에 의해 파악되고 표상되고 갇힐 뿐이다. 현재라는 시간을 바탕으로 전개되어야 하는 정치-역사적인 사유는 그러므로 운명적으로 이 미학적인 시간과 일치하지 않는다. 시간을 현재로만 본다면 그 시간은 어딘가로 흘러가야 할 것 같다. 그래서 목적론적이다. 하지만 현재를 기초 짓고 있는 차이의 시간은 현재와 함께 있다. 그래서 목적이 없다. 들뢰즈의 존재론이 역사적으로 중요한 어떤 순간에 정치적인 담론과 일치할 수 있기는 하지만, 언제나 그런 것은 아니라는 것을 인정하고 논의를 시작해야 한다. 동일성으로 포착되기 이전, 이 동일성의 근거로서의 차이를 말하고자 하는 들뢰즈를, 우리는 동일성으로부터 배제된 것으로서의 차이에 관심을 갖는 헤겔로 이해한 것이다.[5] 들뢰즈의 차이는 언제나 보편에 잡히지 않는, 언제나 동일성을 빠져나가는, 그러면서도 이러한

---

4) Deleuze, *L'île déserte et autres textes*, Minuit, 2002, p.180.

것들을 가능하게 하는 존재 그 자체이다. 들뢰즈가 다루는 것이 연대기적 시간에 스스로를 내보이지는 않지만 존속하는 것이라는 사실을 '이해' 해야, 비로소 '차이' 를, 그때에야 비로소 '차이의 정치' 를, 새로이, 새삼스럽게 이야기할 수 있을 것이다. 들뢰즈의 존재론으로부터 비롯된 차이 논의에 대해 정치철학자들이 비판하는 지점은 들뢰즈로부터는 어떤 정체(régime)도 어떤 체계도 억압적이기 때문에 대안을 논의하기 힘들다는 점이다. 그러나 바로 그 점이 '언제나 새로운 무기' 를 생산할 수 있는 가능성의 지점이 아니겠는가? '차이의 정치' 는 아직 그 논의가 시작되지도 않았다.

플라톤과 들뢰즈

이제까지 우리는 들뢰즈의 차이가 동일성을 기준으로 둘로 나뉜 각 존재자들 사이의 차이(구별로서의 차이)도 아니고, 그 어느 한편(권력을 가진 동일자들로부터 배제된 소수로서의 차이)도 아니라는 것을 강조함

---

5) 반-헤겔주의를 공공연하게 부르짖는 들뢰즈를 헤겔과 동일시하려는 연구가 있는 것 같다. 들뢰즈와 헤겔은 전혀 다른 철학을 한 것 같은데 왜 이들을 비슷하게 보려는 시도가 있을까? 그러한 시도가 있는 것도 일견 무리는 아니다. 왜냐하면 들뢰즈가 관심을 가진 그 차이, 또는 운동이 헤겔이 포착하고자 했던 그것과 전혀 다른 것은 아니기 때문이다. 들뢰즈는 차이를 그 자체로 포착해야 된다고 믿은 반면, 헤겔은 이 차이를 우선 하나의 동일성으로 동일화하고, 이 동일성으로부터 배제된 것을 다시 동일화하여, 변증법적으로 포착하려고 했는데, 들뢰즈가 보기에 이것은 '가짜' 운동인 것이다. 들뢰즈의 반-헤겔주의는 여기서 비롯되었다: 그가 운동을 포착하고자 했으나, 그것은 가짜라는 것. 들뢰즈가 니체를 이야기하면서 '부정의 부정' 이라는 과정 이야기를 하는데, 이것이 헤겔주의자들에게는 헤겔의 변증법이 말하는 '부정의 부정' 과 비슷한 것처럼 여겨지는 것 같다. 하지만, 이는 전혀 다른 과정이다. 간단히 말하면 들뢰즈의 '부정의 부정' 은 '차이화' 하는 과정인 반면, 헤겔의 '부정의 부정' 은 '동일화' 하는 과정이다.

으로써 들뢰즈의 차이에 대한 오해를 먼저 불식시키고자 했다. 들뢰즈의 차이를 그 자체로 설명하는 것보다 이러한 오해를 불식시키는 것이 현재 들뢰즈에 대한 일반적인 통념을 바로잡는 데 무엇보다도 긴박한 일이었기 때문이다. 들뢰즈의 차이는 어떤 존재가 동일성으로 규정되고 왜곡되기 전(이때의 이 '前'이라는 것은 선적인 시간의 차원에서 앞선다는 뜻이라기보다는 논리적으로 앞선다는 뜻으로 보는 것이 맞다), 그 동일성을 가능하게 하는, 그 근거가 되는 존재 그 자체를 의미하는 것이다. 그런데 우리는 앞에서 들뢰즈에게 '이데아란 구체적인 것이다'라는 테제가 근본적이라고 말한 바 있다. 그렇다면 논리적으로 앞선 존재인 차이 그 자체를 말하는 것이 어떻게 구체적일 수 있으며, 어떤 의미에서 이데아로 말해지는가?

    차이와 의미를 이해하기 위해 영화의 한 장면을 이용해 보기로 한다. 영화 「올드보이」에서 오대수는 영문을 모른 채 감금당하게 된다. 그가 15년 동안 감금당하고 자기의 딸인 줄 모른 채 미도를 만나 사랑하게 되고 그를 감금한 이우진을 만나게 되는 등의 일련의 사건을 겪는 것은 그가 이우진과 그 누이의 근친상간적 사랑에 대해 말하고 다녔던 바로 그 순간 결정된 일이다. (그러나 그 발언으로 일어날 수 있었던 일은 무한했고, 이 영화에서 일어난 것은 그 가운데 하나일 뿐이므로 이를 결정론이라고 말할 수는 없다.) 즉 그가 겪은 모든 일들은 '오대수가 이우진과 그 누이의 사랑에 대해 말했다'는 사건의 의미로, 이미 이 사건이 발생했을 당시에 그 사건과 함께 공존한다. 즉, 오대수가 겪을 사건들은 오대수의 발언이 있었던 그 시점에 이미 '선험적'으로 존재한 것이다. 이 의미는 현재라는 시간에 나타나 있지는 않으나 잠재적(virtuel)으로 존재한다. 현재적 사건들은 현재적 사건이 발생시킨 잠재적인 의미에 의해 조건 지어지고 발생된다. 선험적·잠재적으로 존재하는 사건의 의미, 즉 사건이라는 존재의 차이 그 자체는 어떤 개별적인 사건이 일어나야만 같이 일어나는 구체적인 것이며, 무한한 사건을 발생시킨다.

개별적인 사건과 동시에 존재하는 구체적인 것으로서, 무한한 사건을 발생시키는 차이 그 자체가 플라톤의 이데아와 어떤 관련이 있는가? 플라톤의 이데아는 감각적인 것들을 생산하는 원리였다. 감각적인 것들은 이데아를 모방하면서 생산된다. 이데아는 완벽한 것이며, 오류는 감각적인 것들이 현실화되면서 개입된다. 들뢰즈에게 있어 차이와 의미가 앞에서 설명한 대로 현재적 사건들을 생산하는 원리가 된다면 이러한 구상은 명백히 플라톤적인 것이다. 그런데 레테의 강을 지나면서 잊어버린 이데아를 다시 상기해야 한다는 신화적 이미지로 표현된 플라토니즘은, 생산된 것과 생산 조건을 여전히 동일성과 닮음의 원리에 종속시키기 때문에, 들뢰즈는 이 점을 전복하고자 한 것이다. 그런데 왜 이 점이 전복되었어야 했는가? 단순히 '다수적인 것'을 구하기 위해서? 시대적인 요청 때문에? 또는 시대적인 유행 때문에? 들뢰즈의 작업이 고전적이라고 말한 것은 이런 데에서도 확인된다. 들뢰즈는 자기 철학이나 시대적인 필요 때문이 아니라, 존재의 필연성 때문에 플라토니즘을 전복한다. 즉, 감각적인 것의 생산 원리로서 플라톤의 이데아론이 불충분했기 때문에 전복해야 했던 것이다.

플라톤의 이데아론은 어떤 점에서 불충분한가? 첫째, 그것은 근거의 차원에서 불충분하다. 감각적인 것의 생산 원리인 이데아는 어떻게 생각된 것인가? 원칙상 이데아의 세계가 먼저 존재하고 감각세계가 후에 존재해야 한다. 그래서 이데아는 **스스로 동일**하고 감각세계는 이데아의 세계와 **닮았다**. 이데아의 원리로서의 불충분성이란, 이데아가 감각세계보다 앞서 존재해야 했음에도 불구하고, 감각세계로부터 스스로의 완전하고 동일한 성질을 이끌어 내었다는 데에 있다. "이데아의 세계는 감각세계와의 닮음에 의해 구성된 것이다." 둘째, 이데아는 생산 원리로서 불충분하다. 이데아와 감각세계가 동일성과 닮음으로 설명되는 한, 이 세계에 '새로운 것'은 생산될 여지가 없다. 언제나 같고 비슷한 것만이 생산될 수 있을 뿐. 이 세계에, 낯선 것, 새로운 것을 생산할 수 있는 원리, 들뢰즈는 그러한 원리가 필요했던 것이다. 들뢰즈가 구상한 차이와 의미라는 존재는 구체적이고 개별적인 사건과는 별개로 선(先)존재하는 것이 아니라, 그것과 동시에 존재하는 것이므로 플라톤의 이데아와 달리 개별적이고 구체적이며, 우연과 차이에 의해 지배되는 이 존재로부터 현재적인 사건들이 무한히 생산된다. 바로 이 점이 들뢰즈가 '하나'에 매여 있는 플라톤의 이데아를 전복시켜 차이에 근거해 구상한 구체적인 생산 원리로서의 이데아를 사유한 지점이다. 들뢰즈의 차이의 철학이 철학사에 한 획을 긋는 지점이라고 할 수 있다.

맺음말

들뢰즈에게 가장 중요한 것은 '복수성'(multiplicité)이다. 차이에서도, 의미에서도, 욕망에서도 그 기본적인 방점은 복수성의 유지에 찍혔다. 들뢰즈가 안티-헤겔리안임을 자처한 것도 그의 복수성이 가짜라는, 즉 진정한 복수성이 아니라는 데 있었고, 플라토니즘의 전복도 그의 이데아가 여전히 모방과 닮음이라는 동일성에 묶여 있기 때문에 채택된 과제이며, 베르그송의 기억에 대해 토를 단 것도 그것이 여전히 개인의 '동일성'을 보장해 주는 기제이기 때문이고, 칸트의 선험성이 미완이라고 말한 것도 그의 선험이 진정한 복수성을 생산하지 못하고 감각적 경험을 베낀 조건일 뿐이기 때문이었다. 그가 철학사가로서 이렇게 계승하고 발전시키고 또한 비판하고 갈라선 지점은 시종일관 복수성과 무한의 문제에서였다. 존재의 복수성 그 자유로움을 순수한 형태로 지키기 위해 들뢰즈는 때로 무리한 공격도 서슴지 않았던 것이다. 그러나 그의 작업은 철저히, 매우 철저히 고전적인 것이었다. 고전적인 존재론, 형이상학의 부활, 이러한 거대한 칭호가 어울리는 철학자는 현대에 다른 누구도 아닌 들뢰즈이며, 그것을 알아보았던 푸코가 이 세기는 들뢰즈의 세기가 될 것이라고 말했던 것이다. 푸코의 평가는 바로 이런 의미에서였고, 우리가 본 바와 같이 그것은 전혀 허언이 아니었다.

2_ 들뢰즈와 여성주의

차이의 담론

들뢰즈의 존재론이 차이로 규정지어지고, 차이의 담론이 유행하고 있고, 여성주의가 차이라는 개념과 밀접하게 관련되어 있기 때문에, 들뢰즈가 여성주의의 질문에 대해 어떤 식으로든 대답을 가지고 있을 것이라는 기대를 받고 있는 듯하다. 하지만 누구나 알고 있다시피, '차이'는 들뢰즈의 전유물이 아니다.

유럽 현대사에서 '차이'는 전체주의적이고 파시즘적인 정치체제에 의해서 접수되었는데, 그 체제는 차이를 생물학적 결정론으로 정의하고서, 열등성 혹은 폄하적인 타자성으로 구성되었던 대단히 많은 사람들을 절멸시켰다. 독일과 프랑스의 혹은 다른 다양한 비판 이론 속에서 나치의 유태인 대학살이 '차이'로부터 지어낸 착취적이고 살인적인 용법은 도저히 복구 불가능한 지점으로 남아 있다.[1]

'차이'는 이렇듯, 포스트모더니즘과는 상관없이, 이미 생물학적으로, 사회적으로, 정치적으로, 또한 철학에서는 존재론에서, 여러 방식으로 다루어져 왔고 지식인들의 주 테마가 되어 왔다. 그러므로 차이에 대한 모든 담론이 들뢰즈의 것이 아님은 자명하다. 그럼에도 마치 들뢰즈가 '차이'의 철학의 대표격으로 여겨지면서, 차이를 포괄하는 모든 담론에 들뢰즈를 포함시키려 드는 경향이 있어 왔다. 또한 앞의 인용문에서 열등하게 폄하된 타자성으로 정의된 '차이'에 여성이 포함된다고 여겨지면서, 들뢰즈의 차이에 대한 이해는 여성주의와 들뢰즈 철학 간의 협력 가능성이라는 문제와 관련해 중요한 것이 되었다. 과연 들뢰즈의 차이는 무엇이며 여성주의에서 말하는 차이는 무엇인가? 들뢰즈의 철학은 여성주의에 어떤 시사점(또는 도움)을 줄 수 있는가? 이 문제에 대한 답을 찾기 위해서 차이를 둘러싼 여성주의의 논의가 어떻게 전개되어 왔는지를 살펴보는 것이 우선 필요하다. 이후 이 논의들이 들뢰즈의 존재론에서 어떤 자리를 차지하고 있는지를 밝힌 다음, 들뢰즈의 차이로부터는 여성주의가 어떤 점을 취사선택할 수 있는지를 알아본다.

여성주의에서의 차이

여성주의 역사가 깊고, 그 논의 또한 다채롭지만, 우리는 이 논의들을 모두 동일성과 차이의 긴장 관계로 환원하여 설명해 볼 수 있다. 여성

---

1) 로지 브라이도티, 박미선 옮김, 「유목적 정치 기획으로서의 성차」, 『여/성이론』 제5호, 2002.[Rosi Braidotti, "Sexual Difference as a Nomadic Political Project", *Nomadic Subjects*, Columbia University Press, 1994.]

주의를 역사적으로 요약해 보면 다음과 같다. 초창기 여성주의는 "주로 차이에 기반하기보다는 '인간'이라는 휴머니즘에 입각한 **평등**[**동일성**—인용자]이 그 정치적 목표가 되었다. 1980년대를 기점으로 평등에서 '**차이**'를 강조하는 쪽으로 옮아 가고 있다".[2] 그리고 20세기의 페미니즘은 "젠더의 해체에 의한 성차별의 제거인가, 성차의 적극적인 재해석에 의한 여성의 주체성 확립인가—**평등인가, 차이인가**—라는 어려운 난제에 직면하게 되었다".[3] 이렇듯 평등과 차이의 긴장, 동일성과 차이의 긴장은 여성주의의 역사에 시종일관 존재했던 힘이었으며, 현대의 최신 이론에도 차이라는 개념은 그 중심에 있다. 동일성과 차이라는 개념을 더욱 부각시켜 보자. 여성주의는 다음과 같은 인식에서 비롯되었다고 할 수 있다: 철학사에서 인간이란 항상 암묵적 혹은 노골적으로 남성만을 지칭하고 있으며 여성은 배제되어 왔다. 이때 여성주의의 요구는 평등이라고 생각되지만, 사실은 차이에 대한 성찰도 내포하고 있다. 즉, 여성은 남성과 차이가 나지만 동등한 인간이다; 여성은 남성과 함께 인간이라는 유(genre) 속에 포함되며, 종차에 의해 남성과 구분될 뿐이다. 이렇게, 여성주의 최초의 논의가 이미 동일성과 차이라는 주제를 안고 출발했다. 다만 이때의 '차이'에 대한 생각은 인간이라는 '동일성' 속에 포함되고자 하는 의지에 압도되었던 것이다. 시몬 드 보부아르(Simone de Beauvoir)의 『제2의 성』을 계기로 폭발한 여성성

---

2) 박미선, 「로지 브라이도티의 존재론적 차이의 정치학과 유목적 페미니즘」, 『여/성이론』, 제5호, 2002. 강조는 인용자.
3) 신옥희, 「성과 젠더, 그리고 페미니즘」, 철학연구회 편, 『성과 철학』, 철학과현실사, 2003, 38쪽. 강조는 인용자.

이라는 '차이'의 인식은 이제 남성과 여성이 '동일한' 인간이라는 주장을 압도하기 시작한다. 보부아르 이래로 영미권과 유럽 지역의 페미니즘이 각기 다른 방향으로 여성주의를 발전시켰으나, 현재의 여성주의가 당면하고 있는 문제 지점 또한 '동일성'과 '차이' 사이의 긴장이다. 여성주의의 최신 흐름으로 알려진 두 학자의 의견을 통해 이 문제를 살펴보자.

"탈구조주의적, 해체주의적"이라고 이름 붙여지는 현대 여성주의의 최신 흐름에 선 다나 해러웨이(Donna J. Haraway)는 탈젠더적 페미니스트 주체를 '사이보그'로 형상화하고, 이것이 "인종, 젠더, 섹슈얼리티, 자본, 문화의 경계들을 위반하고 넘나들면서 차이의 다중성을 긍정하고 이질적인 것들 간의 연결망을 구축하는 데 유효하다"[4]고 말한 바 있다. 그러나 과연 젠더적 성 정체성에서도 해방된 사이보그적 다중적 주체성에게 '여성적'이라는 칭호를 붙일 수 있을까?; 탈젠더적 탈섹스적 주체 또는 자아는 누구이며 또 누구와 싸워야만 하는 것인가? 이렇게 여성주의가 **여성이라는 성적 차이를 제거하는 경우**에는 여성주의의 해체와 같은 심각한 문제에 직면하게 된다. 이에 브라이도티(Rosi Braidotti)와 같은 사람은 해러웨이와는 다른 제3의 길을 모색하고 있다고 알려져 왔다. "영미의 젠더 페미니즘이 여성의 성정체성을 중화·해체시키는 한계에 이르렀고, 여성 고유의 성차를 극단적으로 긍정하는 성차의 존재론은 …… 결국 본질주의를 피할 수 없다는 한계에 부딪히게 되었"기 때문에, 브라이도티는 제3의 전략으로서 차이의 페

---

4) 같은 글, 35쪽.

미니즘을 추구하기에 이르렀다는 것이다.[5] 브라이도티는 '유목적 페미니즘'이라는 이름으로 알려져 있으며 들뢰즈에게 강력한 영향을 받은 학자로 여겨진다. 그녀는 들뢰즈의 철학에 많은 부분 빚지고 있다는 것을 인정하면서도, "궁극적으로 들뢰즈의 차이는 성들 간의 대칭을 가정하고 있으며 더군다나 성차를 다양한 차이들 중 한 가지 변수로만 환원시킨다고 비판한다".[6] 그러면서 그녀는 성차는 많은 차이들 중의 하나가 아니라 근본적이고 구조적인 차이라고 강조한다. 즉, 많은 차이들이 존재함에도 불구하고 결국은 **성차가 모든 이해에 근본이라는 본질주의**로 향하고 있는 것이다. 결국, 제3의 길은 다른 길이 아니라 지워지려는 여성주의의 얼굴을 구하려는 길이었다.

여성주의의 차이와 들뢰즈의 차이를 비교하기 위해, 브라이도티의 사유를 조금 자세하게 일별해 볼 필요가 있다. 브라이도티는 여성주의에서 문제가 되어 왔던 이 '차이'라는 개념을 들뢰즈의 철학에 따라 좀 더 미세하게 여성주의에 적용한다. 그녀에 따르면, 차이는 남성 일반과 여성 일반(대문자 남성Man과 대문자 여성Woman)에 적용되는 것만 고려되어서는 안 되고, "남성들과 여성들 간의 차이, 여성들 간의 차이들, 각 여성 내의 차이들"이 모두 고려되어야 한다. 이는 "범주적인 구별이 아니라 하나의 복잡한 현상의 상이한 면들을 명명하는 연습으로 취해져야 한다".[7] 브라이도티는 성차의 층위를 셋으로 나누고, 각각의 층위

---

5) 신옥희, 「성과 젠더, 그리고 페미니즘」, 39쪽.
6) 박미선, 「로지 브라이도티의 존재론적 차이의 정치학과 유목적 페미니즘」.
7) 브라이도티, 「유목적 정치 기획으로서의 성차」.

에서 "남성으로 동일시되는 보편주의 및 스스로를 사이비 보편으로 투사하는 남성성에 대한 비판", "페미니즘적 의식을 위한 출발점이 되는 **대문자 여성**이라는 제도와 재현으로부터의 비판", 이론적 허구에 불과한 "정체성과 의식의 근본적 불일치"[8]에 대한 비판을 행한다. 이는 '차이'에 대한 좀더 세련된 사유이며, 세번째 층위에서는 들뢰즈 존재론이 분명 영향력을 행사하고 있다. 그러나 이것이 과연 들뢰즈의 차이인지는 비교를 통해 곧 드러날 것이다.

최근의 두 학자를 통해 볼 때에도 역시 여성주의는 동일성과 차이 사이에서 선택의 어려움을 겪고 있는 것이 확인된다: 여성주의는 여성 본질주의를 따라 여성에 고유한 주체성에 천착할 것인가(차이), 아니면 여성성을 버리고 (탈젠더적으로) 성차이를 제거할 것인가(동일성)? 동일성과 차이 사이에서의 갈등과 긴장이라는 철학적 문제는 여성주의로 하여금 이와 같은 어려움을 가져다준다. 여성성을 강조하여 여성적 주체를 확립하자니 본질주의적 고집스러움 때문에 주저되고, 탈젠더적으로 성차이를 제거하자니 여성주의의 존립 자체가 위협받는 것처럼 보이기 때문에 주저되는 것이다. 들뢰즈의 철학을 참고하면서 우리가 할 일은 그러므로 들뢰즈의 차이와 여성주의의 차이를 비교하여 관련성과 차별성을 분명히 하는 것과 아울러, 여성주의가 직면한 이러한 어려움에 대하여 들뢰즈라면 어떤 대답을 했을 것인가를 짐작해 보는 것이다.

---

8) 같은 글.

여성주의의 차이와 들뢰즈의 차이

이제, 이러한 논의들을 들뢰즈의 차이에 대한 논의에 대입시켜 보자. 들뢰즈는 그가 명명한 차이 그 자체(différence en-soi)를 소개하기 위하여, 아리스토텔레스로부터 헤겔에 이르는 '차이'에 대한 논의들을 다루며 그가 말하려는 차이 그 자체와 비교하고 있다. 우선 염두에 두어야 할 것은, 우리가 쉽게 '차이'라고 말하는 그 개념에 여러 '차이들'이 포함되어 있다는 사실이다. 이를 아리스토텔레스의 종(種)적인 차이를 말하는 부분을 보면서 풀어내 보기로 하자.

> 가령 종적 차이들은 유(類) 안에서 합치하고, 수적 차이들도 종 안에서 합치한다. 나아가 유적 차이들은 '유비에 따른 존재' 안에서 합치해야 한다. …… 가령 '발 달린'과 '날개 달린'은 상반적인 것들로 조정되는 차이이며, 이 차이들을 통해 〔동물이라는〕 하나의 유가 분할된다. 요컨대 완전하고 최대치에 이른 차이는 유 안에서 성립하는 상반성(contrariété)이고, 유 안에서 성립하는 상반성은 종차이다. 종차의 저편과 이편으로 가면 차이는 단순한 이타성(altérité)과 다시 만나는 경향이 있으며, 개념의 동일성에서 거의 벗어나게 된다. 즉 유적 차이는 너무 크고, …… 개체적 차이는 너무 작다.[9]

위의 짧은 글에서도 알 수 있듯이, 우리가 보통 '차이'라고 부르는 것에는 상대적인 것(relatif), 모순(contradiction), 결핍(privation), 상반(contrariété), 이타성(altérité), 상이성(diversité) 등이 포함된다. 아리스토텔레스의 체계 내에서는 이러한 차이들이 다시 종적인 차이(différence spécifique), 유적인 차이(différence générique), 개체적 차이(différence individuelle)로 분류된다. 그리고 들뢰즈의 논의는 그가 말하고자 하는 차이 그 자체가 이러한 차이들과는 다르다는 데 있다.

그렇다면 여성주의가 여성이 남성과 구별되는 하나 인간으로서 동등하다고 말할 때, 이때의 차이는 어떤 차이일까? '인간' 이라는 동일한 종에 대한 '남성' 과 '여성' 의 차이가 바로 그것인데, 이는 상반이다. 이러한 차이는 질료에서 비롯된 것으로 여겨지며 우연적인 차이라고 본다. 이것은 이를테면 '발로 걷는' 과 '날개 달린' 의 차이와는 다르다. 후자 역시 상반이기는 하지만, 남성/여성의 경우와는 달리 형상이나 본질에 변화를 일으켜 종적으로 차이가 나게 되기 때문이다. 남성과 여성의 차이는 서로 간의 종적인 분화를 일으키지 않고, 인간이라는 같은 종에 속하므로 우연적인 차이이며, '발로 걷는' 과 '날개 달린' 의 차이는 종적인 분화를 일으키므로 본질적인 차이라고 할 수 있는 것이다. 시몬 드 보부아르 이래로 남성과는 다른 여성성을 발전시켜 본질주의로 나아갔다고 말할 때의 그 여성적 차이는 아리스토텔레스가 말한 우연적인 차이로서의 상반에 기초한 것이 된다. 즉 **이때의 차이는 '상반' 이다.**

그렇다면 최근 들뢰즈의 영향을 받았다고 알려진 브라이도티가 말하는 차이는 어떤 경우일까? 앞에서 이미 보았듯이, 그녀는 남성 일반과 여성 일반(대문자 남성과 대문자 여성)의 차이(첫번째 층위의 차이)뿐

---

9) 들뢰즈, 김상환 옮김, 『차이와 반복』, 민음사, 2004, 90~91쪽.

만 아니라, 여성들 간의 차이들(두번째 층위의 차이), 각 여성 내의 차이들(세번째 층위의 차이)까지 고려해야 한다고 말한다. 브라이도티가 스스로 소개하고 있는 세번째 층위의 차이를 보자.

성차 층위 3 : 각 여성 내의 차이들
실생활의 각 여성(주의. '대문자 여성'이 아님) 혹은 페미니스트 여성 주체는 다음과 같다 :
— 자기 안의 복수성. 즉 쪼개지고 틈새가 있다.
— 경험의 층위들의 그물망.
— 살아 있는 기억과 체현된 계보.
— 동일한 의식적 주체가 아니라 자신의 무의식의 주체. 즉 동일시에 따른 정체성.
— 계급, 인종, 나이, 성적 선택과 같은 변수들과 가성적인 관계 속에 있음.[10]

인간이라는 같은 종 안에서 고려되었던 남성과 여성의 차이가 상반으로서의 우연적 차이이고, 동물이라는 같은 유(genre) 안에서 종적인 차이를 유발하는 차이가 상반이지만 본질적인 차이로서 종적인 차이였다면, 브라이도티가 말하는 이 세번째 층위의 차이는 이 둘 모두에 속하지 않는다. 왜냐하면 이 층위에서 차이들이 속하는 것으로 간주되는 동일성은 인간으로서의 종도 아니요, 동물로서의 유도 아니며, 하나

---

10) 브라이도티, 「유목적 정치 기획으로서의 성차」.

의 개체이기 때문이다. 공통된 유라는 조건에 종속되지 않는 항들 사이에서 성립되는 차이가 있는데 이것을 아리스토텔레스는 유적인 차이라 부른다. 이러한 차이들은 유가 아니라 존재 그 자체(être lui-même)와 관련한다. 예를 들어 '이 사과'라는 항이 있고, '붉다'라는 항이 있다면, 이 두 항은 어떤 유와 그에 속하는 종이 아니다. '이 사과'라는 개별자는 하나의 실체이고 '붉다'라는 것은 하나의 속성이다. 만약 '이 사과는 붉다'라고 진술한다면, 그것은 '이 사과'라는 존재와 '붉다'라는 속성이 어떤 관계를 갖고 있다는 것을 의미한다. 이러한 관계는 앞서의 '날개 달린 동물'과 '발로 걷는 동물'의 관계처럼 동물이라는 공통의 유를 상정하는 그런 관계는 아니다. '이 사과는 붉다', '이 사과는 맛있다', '이 사과는 동그랗다' 등등의 판단들은, '이 사과'라는 실체에 대하여 '붉다', '맛있다', '동그랗다'라는 속성들이 관계를 맺는 모양들이다. 이들은 개념적으로나 유적으로 어떤 동일한 조건을 가지지 않으면서 '이 사과'라는 존재에 내적인 관계를 가지고 있다. 종적인 차이와 비교하여 이러한 유적인 차이는 좀더 넓은 차이, 좀더 많은(?) 차이를 지시하고 있다. 그러나 이 차이도 역시 언제나 동일한 어떤 것(이 사과)을 상정하고 있다. 브라이도티는 각 개체 안의 복수성을 말하고 있지만, 그 복수성이 언제나 '그 여자'에 내적으로 관련되어 있는 한, **이 복수성은 유적인 차이**에 불과하다.

브라이도티와 더불어 차이의 적용대상이 남성일반에 대한 여성일반의 차이로부터, 여성들 사이의 차이를 거쳐, 개체로서의 한 여성 내부의 것들 사이의 차이로까지 세밀해졌지만, 이 차이 또한 들뢰즈가 말하고자 하는 차이가 아니다. 들뢰즈가 말하는 **차이 그 자체는 변별적 차**

이 관계가 형성되는 지반이다. 즉 어떠한 동일성으로도 아직 규정되지 않았으나 잠재적으로는 이미 미분화(微分化)되어 있는 존재 그 자체이다. 위에서 열거한 여러 차이들이 그 위에 새겨지고 그 위에서 나타나는 그 지반, 그것이다. 즉 브라이도티가 말한 세 가지 층위의 차이들을 발생시키는 원리가 바로 차이 그 자체이다. 이 차이를 담지하고 있는 그 존재는 개체로서의 그 여성(that woman)이 될 수 없고, 그 어떤 여성도 지칭하지 않는 잠재적인(virtuel) 차원에서의 어떤 여성(a woman)이어야만 할 것이다. 그가 여성-되기(devenir-femme)에 대해 말할 때, 그 여성이 바로 이 존재이다. 이 여성은 대문자 여성(여성일반; Woman)도 아니고, 개별적인 그 여자(that woman)도 아닌 어떤 여자(a woman)이다. 우리말로는 옮기기 어려운 이 '부정관사'의 함의는 무엇일까? 우선 '되기'에 대한 들뢰즈의 말을 들어 보자.

> 되기는 어떤 형태(또는 형상forme)에 다다르는 것(동일화identification, 모방imitation, 미메시스Mimesis)이 아니다. 그것은 우리가 더 이상 (부정관사) 여성과 동물과 분자와 구분될 수 없는 그런 이웃 영역, 분간할 수 없고(indiscernabilité) 분화되지 않은(indifférenciation) 영역을 찾는 것이다.[11]

'되기'는 한 개체가 다른 개체와 동일한 것으로 변화한다든지, 다른 개체를 흉내 낸다든지, 다른 개체를 모방하는 과정을 지시하는 개념

---

11) Deleuze, "La Littérature et la vie", *Critique et clinique*, Minuit, 1993, p.11.

이 아니다. 이 과정은 개별화된 실체를 상정하는 현재적 수준에서의 모방(imitation ; Mimesis)이다. '되기'가 찾는 영역은 어떤 '분간할 수 없고, 분화되지 않은 영역'으로, '어떤 특정한 모습으로 탄생되지 않은 영역'이며, 아직 어떤 특정한 개체 A, 특정한 개체 B 등으로 모습을 드러내지 않은, 그러나 그러한 발생이 가능한 지반으로서의 영역을 뜻한다. 들뢰즈가 '여성-되기'라는 개념을 사용할 때, '여성'은 그러므로 개별 여성을 지칭하는 것도 아니요, 보편 여성을 지칭하는 것도 아니며, 어떤 '보편성'과 '일반성'으로 축소되고 왜곡된 표상 세계를 낳는 모태로서의 여성을 말하는 것이다. 그래서 들뢰즈의 '여성-되기'는 차이 그 자체를 포착하거나 차이 그 자체가 드러날 수 있도록 하는 '과정'의 의미를 지닌다. 이는 클레어 콜브룩(Claire Colebrook)이 지적한 바와 같다.

> 모든 생성은 여성-되기를 거치거나 이로부터 시작된다. …… 여성-되기의 특권적 지위에 대한 첫번째 이유는, 여성이 인간이라는 폐쇄된 이미지로부터 벗어나는 개방의 의미를 가진다는 데 있다. 설령 생성의 또 다른 양식이 존재한다고 하더라도, 그 생성은 어떤 근거나 주체도 결여하고 있을 것이다.[12]

'여성-되기'는 생성으로 가는 관문이다. 모든 생성은 **'여성-되기'를 거치거나 이로부터 시작되기** 때문이다. 그러나 그녀가 다시 옳게 지

---

12) 클레어 콜브룩, 백민정 옮김, 『질 들뢰즈』, 태학사, 2004, 229~230쪽.

적했듯이, "만일 우리가 단순히 이런 논리에 여성과 같은 또 다른 존재를 더한다면, 우리는 여전히 동일한 주체의 논리 안에 머물고 있는 것이다".[13] 들뢰즈는 아리스토텔레스 이래 많은 철학자들이 말해 왔던, 이 분법을 가능하게 하는 동일성과 이분법에 근거한 차이를 동시에 무너뜨리면서, 그 해체 이후, 또는 동일화 이전에 그 동일성과 차이를 생산한 근거, 모태로서의 차이 그 자체를 드러내려고 하는 것이다. 들뢰즈의 '여성-되기'는 보편 여성과도, 개별 여성과도, 개별 여성 내부의 쪼개진 무의식적인 복수적 주체들과도 상관이 없다.

들뢰즈 철학에서 여성

들뢰즈의 차이 그 자체와 여성주의는 어떤 관련을 맺을 수 있을까? 우선 '여성주의'가 보편적 남성주의, 보편적 여성주의에 이의를 제기하는 과정이라면, 이는 차이 그 자체와 필연적인 관련을 맺는다. 왜냐하면 차이 그 자체는 실천적으로는 동일화하려는 모든 경향에 대한 저항으로 이해되기 때문이다. 그러나 현재의 여성주의 흐름에서, 여성주의가 여성적 본질주의에 천착한다면 이는 들뢰즈의 철학과는 관련이 없고, 들뢰즈 철학이 여성주의에 도움이 되지도 않으며, 오히려 들뢰즈는 여성주의에 궁극적으로 반대 입장을 취할 것이다. 그러므로 여성주의의 현재적 흐름에서 들뢰즈와 여성주의의 상호지지 가능성은 여성주의가 탈젠더적 여성주의의 입장을 취할 때뿐이다. 그런데 이 입장을 취할

---

13) 콜브룩, 『질 들뢰즈』, 229쪽.

때 여성주의가 직면하는 문제가 있었다. 첫째, 이런 탈젠더적 주체에게 '여성적'이라는 칭호를 붙일 수 있을까? 둘째, 탈젠더적·탈섹스적 주체 또는 자아는 누구이며 누구와 싸워야 하는 것인가? 이 문제에 대해 들뢰즈는 어떤 대답을 할 것인가?

여성은 누구인가? 들뢰즈의 존재론에서 여성이 정의되어야 한다면, 그것은 비어 있는 이름으로서 부정관사로 지시된 여성이어야 할 것이다. 특정한 속성이 배제된 비어 있는 이름으로서의 여성(une femme)이다. 이러한 여성은 특정한 속성이 배제된 비어 있는 이름으로서의 남성(un homme)과 소통할 수 있다. 여성주의의 목표가 남성을 삭제하는 것이 아니기 때문에, 들뢰즈의 차이의 차원에서 정체성을 버린 여성이 정체성을 버린 남성과 만나는 것은 오히려 이상적인 상황이다. 만약 이것이 여성주의의 해체로 여겨진다면 여성주의는 여성주의의 해체에 대하여 두려워할 필요가 없다. 다만, 이러한 언명은 차이 그 자체의 차원(잠재성의 차원)에서만 말해질 수 있는 것이며, 이미 구성된 실재, 현재화된 역사의 하위과정에만 적용된다.

탈젠더화된 여성 주체는 누구와 싸워야 하는가? 싸워야 할 대상은 도처에 존재한다(즉, 보편적 남성주의만이 그 대상은 아니다). 도처에 존재하는 (미시) 파시즘이 그 대상이다. 미시 파시즘은 우리 내부에도 침입한다. 만약 우리가(여성이) 가부장주의와 싸울 때, 우리가 만약 남성성의 이편에 존재하는 여성성으로 규정된다면, 여성성조차 파시즘이다. 그렇다면 우리는 여성 '주의'와도 싸워야 한다. 이런 경우라면 여성주의는 남성 보편주의와의 싸움이라는 초기 임무를 마치고 사라져야 한다. 결론적으로 말해서, 들뢰즈의 '차이 그 자체'의 존재론에서 여성주의는 없다고 볼 수 있다. 그러나 앞에서 이미 보았듯이 생명이나 사회, 개체들의 존재는 여러 수준으로 이해될 수 있으며, 보편주의와 남성주의가 삭제되지 않은 차원에서의 여성주의는 언제나 유효하고 또 필요하다. 즉 여성주의가 여전히 유효한 층위와, 여성주의에 대해 더 이상 말할 수 없는 층위는 동시에 존재한다고 할 수 있겠다.

3_ 김기덕 영화로 보는 이미지의 '잠재성'

김기덕 현상

김기덕 현상이라는 단어를 쓸 수 있다면, 그 현상은 매우 기묘하다. 토니 레인즈의 표현대로 "국제 영화제의 김기덕 매니아"도 재밌지만, 상을 주는 당사자들이나 그를 거부하는 사람들이나 김기덕을 지지하거나 거부하는 이유를 대지 못하는 현상도 재밌다.

"김기덕"이라는 이름을 알아들은 기자들은 수상 결과가 영어로 옮겨지기도 전에 박수 치기 시작했고, 그 소리는 뒤이은 야유에 파묻혔다.[1] 국제 영화제의 김기덕-매니아를 어떻게 설명할 수 있을까? …… 심사위원들은 [「사마리아」에] 정말로 감동했을까, 아니면 단지 그 성적인 폭력성에 위협당한 것일까?[2]

---

1) 「제54회 베를린 국제 영화제 결산(2): 김기덕 감독의 「사마리아」」, 『씨네21』, 2004. 3. 2.
2) Tony Rayns, "Terrorisme sexuel, ou l'étrange cas de Kim Ki-duk", *Cahier du cinéma*, n° 597, janvier 2005, pp.34~35.

사람들은 이 기현상의 이유를 김기덕 영화 자체를 통해 알아내려고 하기보다는, 김기덕이라는 개인의 경력과 영화를 찍는 속도와 방법, 또는 영화 제작 전략 등에서 찾으려고 한다.[3] 이 모든 의문과 짐작들 가운데 평론가들이 유일하게 인정하는 김기덕 감독의 자질이라고 한다면 아마도 '이미지로 사고하는 감독',[4] '유일하게 이미지를 잘 구성할 줄 아는 감독'이라는 점일 것이다. 다시 말해서 김기덕 영화가 불러일으키는 반향, 즉 국제 영화제의 김기덕-매니아라든지 다수의 극렬한 거부 등의 이유에 대해서는 합의에 이른 설명이 없는 반면, 그의 예술성만큼은 인정받고 있는 것처럼 보인다. 그렇다면 합의에 이르지 못한 이 영화의 '현상'은 영화의 무엇, 그리고 사회의 무엇에 기인한 것일까? 그의 영화에 대한 비평들을 살펴보자.

김기덕 영화에 대한 비평은 유독 영화에 대한 도덕적 규정과 단죄가 주를 이룬다. 이를테면 「나쁜 남자」에 대해서 한 평론가는 "이 영화는 한마디로 여성에 대해 어떤 성찰도 없는, 한 남성의 무책임한 사회적 배설 행위일 뿐"[5]이라면서 이 영화를 '나쁜 영화'로 규정했다. **나쁘다'라는 것은 분명히 도덕적인 언명**이다. 영화에 대해 작품성이 떨어진다든지, 배우의 연기력이 떨어진다든지, 구성이 허술하다든지 하는 평을 한다면 그것은 예사로운 일이지만, '나쁘다'는 평가는 흔한 것이 아니다. 김기덕 감독을 초청했던 베를린에서도 이런 도덕적 평가가 있었다.

---

3) 「김기덕 보는 싸늘한 시선 따뜻해질까」, 『씨네21』, 2004년 9월 14일 참조.
4) 이숙명, 「열린 텍스트, 닫힌 성찰」, 『프리미어』, 2002년 7월, 170~171쪽.
5) 주유신, 「나쁜 영화다」, 『동아일보』, 2002년 1월 11일, 8면.

「나쁜 남자」에는 자신의 힘으로 한 인간을 누르고 지배하려는 냉혈적인 소유욕, 따라서 도저히 용서할 수 없는 주제를 다루고 있다. 그리고 완전한 탈진 끝에 사랑 비슷한 것이 싹트도록 함으로써 한 인간에 대한 (정신적) 살인을 용서하고 있는 점 역시 용서하기가 어렵다.[6]

이 평론에는, '용서'라는 단어가 무려 세 번이나 반복되고 있다. **'용서' 역시 도덕 개념**이다.「사마리아」에 대해서도 사정은 마찬가지다.

…… 그녀는 인도 종교의 사랑의 여신 바수밀다처럼 되고 싶다고 말한다. 이는 위험한 영역이다. 게다가 목욕탕에서 서로의 몸을 씻겨 주는 두 소녀의 알몸까지 보여 준다면 이 감독은 즉시 감시의 대상이 될 수밖에 없다.[7]

'감시' 또한 움직일 수 없는 도덕적 언명이다: 김기덕이 보여 주는 이미지는 '위험'하기 때문에 그를 '감시'해야만 한다; 김기덕의 영화는 '나쁘'기 때문에 그를 '용서'하기 어렵다. 그런데 왜 국제 영화제는 그의 영화를 사랑하는가? 무엇이 그토록 위험하고 나쁜가? 왜 위험하고 나쁜 영화가 어떤 사람들에게는 그토록 매력적인가? 무엇이 문제일까? 이들 평론들로부터 우리는, 김기덕 영화의 '현상'에는 **사회의 도덕**

---

6)「베를린에서도 재연된「나쁜 남자」논쟁」,『씨네21』, 2002년 3월 2일.
7)「제54회 베를린 국제 영화제 결산(2): 김기덕 감독의「사마리아」」,「도이체 차이퉁」의 토비아스 크니베의 글.

성과 김기덕 영화의 도덕성 사이의 충돌이 내재하고 있다는 것을 확인하게 된다. 즉 검토해야 할 것은, 김기덕 영화의 이미지가 어떤 '도덕성'을 내포하고 있는지, 혹은 거꾸로, 어떤 도덕성을 '결여'하고 있는지에 관한 것일 것이다. 우리는 이 기획을 들뢰즈의 철학으로 풀어 보고자 한다. 왜냐하면 김기덕 영화의 이미지와 예술성 자체에 대한 오해가 그의 도덕성에 대한 오해로 이어지고 있다고 생각되고, 김기덕 영화의 이미지에 대한 이해는 오직 새로운 윤리를 내포하고 있는 들뢰즈의 개념으로만 이루어질 수 있다고 생각되기 때문이다. 이를 밝히기 위해서 우리는 김기덕 감독의 「나쁜 남자」를 검토해 보기를 제안한다.

김기덕 감독의 영화를 이해하는 열쇠―잠재성

「나쁜 남자」의 주요 장면

장면 1: 벤치①에서 대학생 선화가 남자친구를 기다리고 있다. 사창가 포주인 한기가 그 앞을 지나다가 선화 옆에 앉는다. 선화는 한기의 존재 자체에 혐오를 느끼고 이를 남자친구에게 표현하나, 그러한 선화에게 한기는 강제로 입을 맞춘다. 지나가던 군인들에게 무릎 꿇려진 한기의 얼굴에 선화가 침을 뱉는다.

장면 2: 선화는 한기의 계략에 말려 들어가 '신체포기각서'에 사인을 하고 사창가로 넘겨진다. 선화의 방에 걸려 있는 거울이 옆방에서는 방 안을 들여다볼 수 있는 창이다. 한기는 선화를 훔쳐보기만 할 뿐 가지려 하지는 않는다.

장면 3: 선화가 사창가에서 도망을 쳤지만 한기에게 붙잡힌다. 한기는 선화를 어느 **바닷가**①로 데리고 온다. 선화는 거기에서 바다에 빠져 죽으려는 한 여자를 보나 한기는 못 본 듯한 표정이다. 죽으러 들어간 여자가 찢어 버린 듯한 사진 조각들을 주워 사창가로 돌아와 맞추어 봤으나 얼굴이 있어야 할 조각들이 없다.

장면 4: 여러 가지 사건을 거치면서 선화는 한기를 사랑하게 되나, 한기는 선화를 다시 제자리로 돌려보낸다. 이 둘은 처음 만났던 **벤치**②에서 헤어진다.

장면 5: 선화는 그러나 돌아가지 않고 지나가는 트럭을 잡아타고 한기와 같이 갔던 그 **바닷가**②로 간다. 거기에서 지난번에 주워 오지 못한 사진 두 조각을 마저 찾는데, 그 사진의 주인공은 바로 선화와 한기였다. 선화를 사랑한다고 생각하는 한기의 부하 하나가 선화를 돌려보낸 한기를 원망하며 칼로 찌른다. 한기는 많은 피를 흘리지만 오랜 시간이 흐른 후, 마치 아무 일도 없었다는 듯이 일어나 선화가 있는 그 바닷가로 간다.

장면 6: 선화와 한기가 트럭을 한 대 빌려, 선화는 매춘을 하고 한기는 남자를 데리고 오는 포주 역할을 하며 같이 산다.

우선 이 영화에 대한 비판이 어떤 식으로 이루어지고 있는지 살펴보자. 「나쁜 남자」를 비판하는 대부분의 사람들은 이 영화를 남자 일반, 또는 김기덕 개인의 판타지라고 본다. 그러니까 영화의 마지막(장면 5, 6)에 이르러 선화와 한기가 다시 만나, 남자는 여전히 포주로, 여자는 여전히 몸을 팔면서 사는 장면은 죽어 가는 한기의 판타지를 재현한 것에 불과하다는 것이다. 그런데, 문학평론가 정과리는 이런 시각과는 정반대로, 이 영화를 "창녀를 마누라로 둔 남자의 꿈"이라고 본다.[8] 즉, 영화 전반부(장면 1에서 5까지)는 모두, 창녀 마누라한테 얹혀 사는 한기가 담배를 피우면서 자기의 과거가 그랬다면 '멋지지 않을까'라고 중얼거리며 꾸는 꿈이라는 것이다. 그러면서 정과리는 이 해석이 설득력을 가지려면 선화가 일을 끝내고 한기 옆에 와서 담배를 받아 피우는 장면에서 아무렇게나 몸 팔고 돈 세는 여자의 표정을 지어서도 안 되겠지만, 일을 치르고 나서 로맨틱한 표정을 지은 것은 영화의 패착이라고 보면서 제3의 표정이 있지 않을까라는 질문을 던졌다. 그는 「나쁜 남자」가 멜로드라마의 상투성을 극단화하여 그 상투성이 내포하고 있는 불온한 도덕을 반성하도록 한다고 본다. 그러면 이 두 해석을 자세히 살펴보고 그 맹점을 짚어 보도록 하자. 한 시각은 영화가 현실에서 판타지로 이동했다고 보고 있고, 다른 시각은 꿈에서 현실로 이동했다고 보고 있다. 이 두 시각은 과연 설득력이 있을까?

이 영화의 가장 흥미로운 장면은 첫번째 바닷가 장면이다. 이 장면에서 현실과 환상이 갈라진다고 말을 하기도 하는데, 엄밀히 말해서 이 **장면 자체**는 현실인지 환상인지 규정할 수 없고, 그 이전이 환상인지, 그 이후가 환상인지도 구분할 수 없다. 자살하려는 여자와 그 여자를 보는 여자가 같은 여자이다. 그렇다면 자살하려는 여자가 실제이고 관찰하는 여자는 환상인가, 아니면 자살하려는 여자가 환상이고 관찰하는 여자가 실제인가? 이 지점에서 실제와 환상은 정확히 꼬여 있다. 뫼비우스의 띠다. 대학생이었던 선화(띠의 안쪽)로 출발해서 매춘하는 선화의 삶(띠의 바깥쪽)을 겪고 난 선화가, 대학생이었다가 강제로 매춘

---

8) 「국문학자와 정신과 의사가 「나쁜 남자」를 논한다」, 『씨네21』, 2002년 2월 14일 참조.

하게 되었기 때문에 절망하여 죽으려는 선화를 만난다. 매춘부 선화와 대학생 선화. 이 두 존재는 존재의 띠가 꼬여 있지 않으면 만날 수 없다. 즉 장면 3에서 이미 실제와 환상이 꼬여 있기 때문에 장면 5나 장면 6을 중심으로 하여 그 앞을 환상으로 혹은 그 뒤를 환상으로 보는 해석은 이미 설득력이 없다. 장면 3의 사진들은 또한 장면 5에 다시 나오기 때문에 이 두 장면을 분리하여 하나는 환상, 하나는 실제라고 할 수도 없다. 다시 말해, 영화의 시간을 평면적으로, 또는 선적(線的)으로 놓고 앞에서부터 뒤로 흘렀다고 보는 것이 불가능하다는 뜻이다. 또한 환상과 실제의 놀이를 극적으로 보여 주고 있는 사람은 이렇듯 선화인 데도 불구하고, 사람들은 이상하게도 한기에 대해서만 주의를 기울였다. 선화가 또 다른 선화를 보는 장면은 제쳐 두고, 칼에 맞은 한기가 아무렇지도 않게 일어나는 장면만을 판타지로 본 것이다. 결국 현실과 판타지라는 개념으로는 이 영화를 이해할 수 없다는 사실이 드러났다. 그러므로 다른 개념이 필요하고, 우리는 이를 위해서 들뢰즈의 철학을 참조하기로 한 것이다.

이미지의 잠재성

우리는 앞에서 김기덕 감독에 대한 공통된 평가가 있다면 그것은 그가 '이미지를 잘 구성할 줄 아는 감독'이라는 점일 것이라고 지적했다. 이런 평가를 내리는 사람들이 가지고 있는 이 '이미지'의 개념이 무엇인지 정확히 밝혀진 바가 없기 때문에, 이 평가가 어떤 함의를 가지고 있는지를 알기 위해서는 '이미지'라는 개념에 대해 생각해 볼 필요가 있다. 이미지에 대해 호의적인 생각을 가진 철학자는 많지 않았다. 이미지라는 것은 보통 대상을 보고 나서 머리에 남는 상을 지칭하는데, 철학적으로 다시 보면 이데아에 대해서는 그것의 모상, 실재에 대해서는 그것과 그저 비슷하기만 한 것, 이성으로부터 비롯한 참인 인식에 대해서는 모호한 인식의 원천으로 여겨졌다. 영화 이미지에 대해서는 어떤 평가가 있었을까? 영화가 발명되고 나서 10여 년 후에 베르그송이 이에 대한 평가를 한 바 있다. 영화 이미지는 그가 생각하는 순수 지속인 운동을 잘게 조각 낸 다음 이를 다시 이어 붙인 잘못된 운동에 불과하다는 것이다. 운동과 운동의 궤적을 혼동한 데서 비롯한 제논의 역리[9]처럼, 진정한 운동을 그대로 보여 주지 못하고 그것의 궤적을 이어 붙인 가짜 운동을 보여 준다고 본 것이다. 이미지와 영화 이미지에 대한 이 모든 평가에 대해, 들뢰즈는 상당히 다른 사유를 보여 준다.

> 이미지는 시간 간의 관계의 집합이다. 현재는 이로부터 흘러나온 것일 뿐이다. …… 시간 간의 관계는 보통의 지각으로는 볼 수 없고, 창조적인 이미지에서만 보인다.[10]

시간 간의 관계에 대한 논의는 아무래도 따로 해야 옳을 것 같다. 시간에 대한 들뢰즈의 사유는 아우구스티누스로 거슬러 올라가 칸트를

---

9) "날아간 화살은 과녁에 당도할 수 없다"는 식의 역설을 주장한 제논(Zenon)은, 화살을 쏜 지점과 과녁이라는 공간을 반씩 나누어, 날아간 화살이 그 모든 지점을 통과해야만 과녁에 닿을 수 있는데, 공간은 무한히 나눌 수 있으니 화살은 결국 과녁에 닿지 못한다는 논리를 폈다. 하지만 이는 시간을 공간화한, 운동과 운동의 궤적을 혼동한 데서 온 궤변이다.
10) Deleuze, *Deux régimes de fous*, Minuit, 2003, p.270.

거쳐 다시 내려오며 그 논의가 길고 복잡하기 때문이다. 간단하게 말해서 시간 간의 관계의 집합 차원은 현재라는 시간과 동시에 존재하는(들뢰즈는 '존속'이나 '내속'이라는 단어를 쓴다) 의미의 시간 차원이라고 할 수 있겠다. 그리고 이 시간 간의 관계의 집합은 잠재적으로 있다고 말한다. 잠재성은 이를테면, 눈앞에는 아무것도 없는 것 같은데 테니스 라켓을 휘두르면 공을 치고 있는 상황이 연출되는 가상현실에서처럼, 눈에 보이지는 않지만 존재하는 것(부재하지만 존재하는 것, 존재하지만 부재하는 것)을 가리키기 위해 만들어진 개념이라고 보면 된다. 즉, 이미지란 현재화되지는 않았지만 그 현재와 동시에 존재하는 보이지 않는 존재인 것이다. 그렇다면 이미지에 대한 들뢰즈의 이런 이해가 현실과 판타지로 이해되지 않는 문제의 장면을 이해하는 데 어떤 도움을 줄 수 있는가?

"선화가 매춘부가 되었다"라는 사건은 때와 장소가 확정된 사건이다. 그런데 이 사건의 '의미'는 어디에(또는 어떤 시간에) 있는 것일까? "선화의 계급이 추락했다", "선화가 한기를 비로소 의미 있게 바라보게 되었다", "선화가 매춘부의 삶을 이해하게 되었다", "선화는 죽고 싶었다" 등등의 의미들은 "선화가 매춘부가 되었다"는 사건이 일어났을 바로 그 시간에 동시에 존재한다. 그러나 보이지는 않는다. 이런 **의미들**이 바로 잠재적인 것들이다. 그렇다면 장면 3과 같은 이미지를 분석해 보자. "선화가 사창가에서 도망쳤지만 한기에게 붙잡혔고, 지금 선화는 한기와 함께 바닷가에 있다." 이것이 장면 3의 현재적인 사건이다. 이때 "선화는 사진을 찢고 바다로 걸어 들어가는 한 여자를 보았고, 찢겨진 그 사진을 주웠다." 이것이 선화가 현재화한 사건의 **의미를 형상화**

한 것이다. 그런데 이것이 무슨 의미인가? 그 의미는 장면 5에서 선화가 찢겨진 사진의 주인공이 바로 한기와 선화였다는 것을 알게 되는 순간 밝혀진다. 즉, "선화는 의식하지 못한 채 이미 한기를 사랑했었고"(둘이 함께 찍은 사진의 의미), "매춘을 하게 되었다는 사실 때문에 죽고 싶었다"; "대학생이었고 매춘부가 된 선화는 죽었다"(바다로 걸어 들어가는 선화의 의미); "한기를 사랑하게 되었다는 사실을 받아들일 수 없다"(사진을 찢었다는 것의 의미). 장면 5 역시 장면 3에 의해 의미를 부여받는다. 얼굴이 있어야 했던 사진 조각을 찾았다는 것은 선화가 한기를 사랑하게 되었다는 것을 선화 스스로 받아들였다는 의미일 수 있다. 이때의 선화는, 장면 1에서 한기를 경멸했던 대학생 선화도 아니고, 장면 3에서 매춘으로 인해 죽고 싶었던 매춘부 선화도 아니며, 그 두 개별 선화를 벗어난 비인칭적(impersonnel)[11] 선화, 전개인적(préindividuel) 선화이다. 그러므로 선화는 마지막 장면 6에서 한기의 담배를 받아 피우면서 초연한 표정, 다시 말해 비인칭적 표정(정과리가 로맨틱한 표정이라고 말했던 그 표정)을 지었던 것이다. 그러므로 이 표정은 영화의 패착이 아니라 그 영화에 정확하게 맞아떨어진 표정이다.

---

[11] 불어로 'impersonnalité'는 여러 가지 말로 번역된다. '비인격성', '비인칭성', '익명성' 등이다. 익명성에 해당하는 불어 'anonyme'이 있기 때문에 '익명성'으로 번역하는 것은 피했다. '비인격성'과 '비인칭성' 가운데 '비인칭성'을 택한 것은, 이 개념이 어떤 특정 개인의 동일성을 피하려는 것이지 '인격성' 자체를 피하려는 것은 아니라는 판단 때문이었다. 하지만 'impersonnalité' 뿐만 아니라 여러 들뢰즈 개념에 대한 정확한 번역어를 찾는 작업은 앞으로 연구자들 사이에서 계속 논의되어야 할 것이라고 생각하며, 이러한 번역어 선택은 현재까지는 잠정적이라는 것을 밝혀 두고자 한다.

김기덕과 들뢰즈를 잇는 세 개념—진실, 소통, 구원

지금까지 우리는 김기덕의 영화 이미지를 이해하기 위해서는 '현실'과 '판타지' 개념이 아니라 들뢰즈의 '잠재성'이라는 개념이 필요하다는 것을 보았다. 그의 영화 이미지가 종종 꼬여 있다는 느낌을 주는 경우에 '잠재성'이라는 개념을 동원하지 않고서는 그 이미지를 이해하기가 어렵다. 장면이 설명되지 않으면 장면으로부터 하려는 이야기(뜻)가 설명되지 않는다. 만약 '잠재성'이라는 개념이 이 장면을 설명했다면, 이것이 김기덕 영화의 뜻도 설명해 주지 않을까? 이를 위해서 '잠재성'이라는 개념으로부터 이끌어 낼 수 있는 몇몇 개념들을 살펴보고자 한다. 이 개념들이 김기덕 영화를 설명할 수 있는 열쇠가 될지도 모르므로.

진실

어떤 사람이 어떠어떠한 표정을 짓고 있다고 해보자. 우리는 이 표정을 다음과 같이 풀어 볼 수 있다. 이 표정은 현재라는 순간에 나타난 것이지만, 그 표정의 이미지는 복합적인 시간을 한꺼번에 담고 있는 것이라고: 표정은 현재이지만 표정의 이미지는 시간 간의 관계의 집합이다. 이미지는 그 표정을 짓도록 한 지나간 과거와 앞으로 올 시간에 대한 기대뿐만 아니라, 그 사람이 지금은 이성적으로 인식하지 못하지만 몸으로 알고 있는 현재적 사건의 의미를 포함하고 있다. 우리는 이 이미지를 그 표정의 '진실'이라고 이름 붙일 수 있다고 생각한다. 즉, 이미지의 잠재성이란 그 사건의 진실을 드러낸다. 그런데, 우리는 이 '진실'을 전통적인 철학적 개념인 '진리'와 구분하고자 한다.[12] 전통적 의미에서 진리(참; le vrai)는 거짓(le faux)과 대립된다. 이때 참된 것, 참된 이미지는 이를 보증하는 참 그 자체, 즉 참의 이데아에 의해 가능하게 되며, 이로부터 '이러이러해야만 한다'는 당위 도덕이 이끌려져 나온다. 이것이 바로 전통적인 의미에서 도덕과 미학의 일치이다: '아름다움'이 '선함'으로 우리를 인도한다. 그러나 우리가 말하는 진실은 '바로 그 사건'의 단 하나밖에 없는 진실을 말하는 것으로, 당위로서의 '진리'(ce qui doit être)를 말하는 것이 아니라, **그 사건의 특이성**, '그 사건의 그 사건임'(ce qui est)을 드러내는 것을 지칭할 뿐이다. 거기에는 어떠한 종류의 모델도, 판타지도, 어떤 종류의 도덕적 당위도 개입하지 않는다. 그 어떤 사건도 단 한 번 존재하며, 모방할 수 없기 때문이다. 이러한 특징에 대해 들뢰즈는 다음과 같이 말한다.

> 진정한 사과성(性)은 모방할 수 없다. 각자 스스로 새롭고 다른 사과성(caractère pommestique)을 창조해야 한다. 세잔의 사과를 모방한다면 그것은 이미 아무것도 아니다.[13]

모범적인 형태의 사과는 존재하지 않으며, 각 사과의 사과성만이 존재한다. 들뢰즈 본인은 '진실'이라는 표현 대신, 언제나 '힘', '시간', '카오스' 등으로 표현하지만, 자크 랑시에르의 해석을 빌려 우리는 그

---

12) 불어로는 이 둘을 대문자 진리(Vérité)와 소문자 복수 명사 진실들(vérités)로 구분하기도 한다.
13) Deleuze, *Francis Bacon: Logique de la sensation*, Seuil, 2002, p.85.

것을 각 존재, 각 사건의 '진실'이라고 부르겠다. 랑시에르는 "[들뢰즈의] 미학이 더 이상 작품을 그 중심에 놓지 않고, 감각된 것(l'aistheton; le ressenti)을 놓음"[14]으로써, "예술이 이제 긍정적으로 진실이라는 개념과 관계를 맺게 되었다"[15]고 말한 바 있다.

    이것이 이야기의 측면에서는 어떤 의미를 지닐까? 이것이 감독의 미학적 비전을 설명해 줄 수 있을까? 우리가 이야기한 바에 의하면 잠재적 이미지라는 것은 현재에 발생하는 사건이 있어야만 존재하는 것이고, 또한 그 사건이 내포한 것이다. 그러므로 잠재 세계는 현재 사건의 배열 법칙인 인과관계가 지배하는 세계는 아니지만, 그렇다고 해서 현재에 일어나는 사건의 진실과 아무 관계가 없는 허무맹랑한 이야기 짜깁기는 허용되지 않는 세계이다. 잠재성의 세계는 오히려 현실의 허위의식(현실과 상관없는 판타지)을 배제한 세계이다. 할머니에게 떡을 가져다 드리려는 길에 늑대를 만난 아이는 살아남지 못하는 세계이며, 늑대가 잡아먹은 할머니와 아이는 늑대의 배를 갈라도 그 안에 살아 있지 않은 세계이다. 즉 잠재성의 세계는 이런 진실을 보여 주는 세계이지, 관객을 안심시키기 위해 적당한 시간에 사냥꾼을 등장시킨다거나, 또는 관객을 위로하기 위해 늑대의 배를 갈라 아이와 할머니를 꺼내는 것을 허용하는 세계가 아니다. 들뢰즈의 표현을 빌리자면, '차가운 진실'(vérité froide)의 세계이다.

---

14) Jacques Rancière, "Existe-il une esthétique deleuzienne?", *Gilles Deleuze. une vie philosophique*, sous la direction de Eric Alliez, Synthélabo, 1998, p.532.

15) Jacques Rancière, "Esthétique, inesthétique, anti-esthétique", *Alain Badiou*, textes réunis et édités par Charles Ramond, L'Harmattan, 2002, pp.479~480.

김기덕 감독의 초기 작품들은 현실의 차가운 진실을 보여 주는 데 골몰한다. 강변에서 시체를 건져 팔다가 아름다운 여자 시체를 발견하고 강간하는 용태(「악어」), 흑인 미군과 한국인 어머니 사이에서 태어나 사회에 진입하지 못하고 결국 논에 거꾸로 처박혀 죽는 창국(「수취인불명」), 사랑하는 여자의 마음을 얻고도 매춘과 포주 역할을 떠나지 못하는 한기(「나쁜 남자」) 등을 보며 사람들은 불편하다. 영화가 잘못 만들어졌기 때문이 아니라, 비루한 존재들이 **계속해서 참담한 인생을 살아가기 때문이다**. 우리는 늑대가 아이를 잡아먹기 전에 사냥꾼이 나타나기를 바라는 심정으로, 용태와 창국과 한기가 어떤 우연한 기회나 주변인의 동정이나 도움으로 그들의 비루하고 참담한 인생에서 벗어날 수 있기를 바란다: 창국은 공장에서 성실함을 인정받아 사회에 진입할 수 있었을 텐데; 한기는 선화와 함께 그 트럭으로 야채장사라도 해서 '정상적'으로 살 수는 없었을까?

감독의 작품들에 등장하는 여성들의 경우도 마찬가지다. 동갑내기 대학생이 있는 여관에서 매춘을 계속하게 된 진아(「파란 대문」), 숱한 상처로 말을 잃고 낮에는 먹을거리를, 밤에는 몸을 팔며 사는 희진 (「섬」), 대학생에서 창녀가 된 선화(「나쁜 남자」). 사람들은 이렇게 말한다. 이들은 모두 그 일을 그만둘 수는 없었을까? 그리고 사람들은 이들의 삶을 '구하지 않은' 김기덕 감독에게 비난의 화살을 돌린다. 그들은 이렇게 말한다: 그 여자들은 몸을 팔지 않아도 됐을 텐데; 그 남자들은 그토록 비참하게 살지 않아도 됐을 텐데; 그것은 불행했던 과거를 가진 감독 개인의 분노이다. 그러나 그것은 감독 개인의 분노가 아니라, **현실의 냉혹한 진실 앞에서 고개를 돌리지 않은 감독의 힘일 뿐이다**. 그는 그 스스로나 관객의 마음을 위로하기 위하여 우연한 외부의 힘에 의해 현재의 갈등을 해결하는 대신, 현재 갈등의 진실을 있는 그대로 드러내 그것을 끝까지 밀고 나간다. 즉, 그의 영화에는 타협이 없다. 감독은 말한다. "진아란 여자가 거기서 창녀를 벗어나는 것이 무슨 의미가 있나. 그것이 하루아침에 이루어진 것이 아니고 수많은 시간이 쌓여 형성된 현실이라면 쉽게 바뀌지 않는다. 그렇다면 바뀌어야 할 것은 서로에 대한 오해가 풀리는 것, 서로를 이해하는 것이다."[16] '현실은 쉽게 바뀌지 않는다'는 것. 이것이 바로 현실이 내포하고 있는 차가운 진실이다. 그리고 바로 여기에서 감독은 다음 주제로 넘어간다. 감독이 말하고 있듯이 그것은 바로 소통이다.

소통

잠재성이 현재성 차원이 아니라 복합적인 시간 간의 관계의 집합 차원이기 때문에, 우리는 잠재성으로부터 '진실' 이외에 '소통'이라는 개념을 논리적으로 이끌어 낼 수 있다. 현재화된 사건들의 차원은 인과관계의 지배를 받는다. "내가 돌을 던지면 누군가가 맞는다." 그러나 잠재성의 세계는 '흐르는 시간'이 아니라, 여러 시간성들이 모여 있는 차원이며, 사건의 의미의 차원이기 때문에 과거·현재·미래라는 흐름, 즉 인과관계가 무시된다. 모든 의미들은 서로를 그 거리를 통해 긍정한다: 들뢰즈는 이를 '선언적인 종합'이라고 표현했고, 우리는 이를 '소통'이라고 부르고자 한다. 이 잠재성의 세계에서 공존하는 사건(순수

---

16) 「네티즌과 김기덕 감독이 나눈 10문 10답」, 『씨네21』, 2001년 6월 8일.

사건 혹은 사건의 의미)들은 이미 한 개인의 사건이 아니기 때문에(인과 관계를 벗어난 것이므로), 이 세계는 비인칭적 또는 비인격적인 세계이며, 모든 것이 관계 맺을 수 있는 세계이다. 각 개체가 이러한 잠재성 차원으로 되돌아간다면, 서로를 긍정하고 또한 소통하게 될 것이다. 여기가 바로 잠재성을 표현하는 미학이 윤리적인 의미를 띠게 되는 지점이다. 들뢰즈 또한 이러한 윤리적 문제를 다음과 같이 언급한 바 있다. "문제는 그러므로 어떻게 한 개인이 자기의 형태와, 세계와의 통사적 관계를 벗어나, 사건들의 보편적인 소통에, 즉 선언적 종합에 이를 수 있는가를 아는 것이다."[17]

그런 의미에서 우리는 「파란 대문」과 「나쁜 남자」 그리고 「사마리아」를 '소통의 3부작'으로 부를 수 있을 것이다. 세 영화의 공통점은 두 여자가 주인공이라는 사실과, 한 여자가 몸을 팔았고 다른 여자도 몸을 팔게 된다는 사실이다. 「나쁜 남자」에서는 여자 주인공이 하나였지만 이것은 감독의 실험이었다고 본다. 감독은 두 여자를 한 여자 안에 구현함으로써 그의 실험을 극대화했다. 우리는 여기서 다음과 같은 질문을 던질 수 있다. 왜 김기덕 감독의 여성 캐릭터는 항상 매춘부일까? 몸을 팔지 않았던 여자와 몸을 파는 여자의 소통 혹은 화해는, 몸을 팔지 않았던 여자가 몸을 팔게 되는 방식으로만 가능한 것일까? 대학생과 보통 소통이 어려울 다른 직업은 없었을까? 그냥 둘이 손을 잡고 "이제 너를 이해하게 됐어"라고 말하는 걸로 족하지 않았을까? 감독 개인의 사적인 경험 때문이기도 했겠지만, 그는 아마도 완전한 '타

---

17) Deleuze, *Logique du sens*, Minuit, 1969, p.208.

자'가 필요했던 것 같다. 그리고 그 완전한 타자를 이해하는 것은 '나'의 언어로는 불가능하고 '너'의 언어를 체득할 때에만 가능하다고 생각했던 것 같다. '타자'의 경험을 나의 언어로 기술하고 난 다음 "난 널 이해해"라고 말하는 것은 사실상 이해가 아니다. 그것은 단지 너와 나의 교집합을 찾았다는 뜻일 뿐, 서로 완전한 소통에 이르렀다는 뜻은 아니기 때문이다. 그리고 바로 이 '소통' 또는 '이해'라는 주제는, 김기덕 감독 스스로가 밝히고 있듯이, 그의 영화가 전달하고자 하는 비전이다.

> 나는 학력이나 재력 등을 가진 자와 못 가진 자가 갖고 있는 긴장감, 억압, 가진 자가 그렇지 않은 자들에게 가하는 억압, 그렇지 못한 사람들이 그런 사람들에게 갖는 이유 없는 굴종, 위기감 이런 것들이 수평적이기를 바라는 거다. 「파란 대문」의 창녀와 여대생은 둘 다 똑같이 여자고, 존중되어야 할 삶의 개체다. 그렇다면 둘 사이에 필요한 것은 수평적인 이해일 뿐, 창녀가 어느 날 창녀를 벗어나기를 원하거나 여대생이 어느 날 창녀가 되기를 원하는 것이 아니다.[18]

구원

들뢰즈는 『의미의 논리』에서 순수 사건이 현재화되는 것을 효과화(effectuation)라고 하고, 그 반대로 현재화된 사건으로부터 잠재적인 의미로 넘어가는 것을 역효과화(contre-effectuation)라고 표현했다.

---

18) 「네티즌과 김기덕 감독이 나눈 10문 10답」.

그렇다면 이런 운동, 즉 잠재성 차원으로 '넘어가는 것'의 또 다른 윤리적 의미를 '구원'이라고 말할 수 있지 않을까? 이때의 구원은 물론 기독교적·종교적 구원을 뜻하는 것은 아니다. 일인칭적 개인이 비인칭적 전개인으로 돌아가는 것을 구원으로 불러 볼 수 있지 않는가 하는 것이다. 우리는 이런 논리를 전개시킬 수 있는 두 가지 근거를 들뢰즈에게서 찾아보고자 한다.

첫째는, 들뢰즈의 삶에 대한 인식에 근거한다. 들뢰즈가 삶을 긍정하기는 하지만 어떤 삶이든 모두 긍정하는 것은 아니다. 들뢰즈의 삶에 대한 비전은 오히려 이러하다. "항상 문제는 삶을 그것이 갇혀 있는 곳으로부터 해방시키는 것이다."[19] 들뢰즈가 쓴 마지막 논문의 제목(L'Immanence: une vie…)이 보여 주듯이, 들뢰즈가 긍정하는 것은 비인칭적인 삶(une vie)이지, 구체적으로 영위되는 삶(sa vie)이 아니다. 그렇다고 해서 구체적인 삶을 부정한다는 것이 아니라, 구체적인 삶의 예속성·배제성·인과성 등을 바람직하지 않게 보는 것이다. 동일성만을 긍정하는 삶, '나 자신의 형태와 세계와의 통사적 관계'에 묶여 있는 삶에게는 '비인칭적 삶'으로의 **해방**이 필요하다. "삶은 〔이 과제를〕 스스로 실현할 수 없기 때문에, 예술이 …… 삶의 궁극적인 목적이 된다."[20] 즉, 예술이 이 과제를 담당하며, 이미지의 잠재성이 이것을 가능하게 한다. 들뢰즈의 이러한 삶에 대한 비전으로부터 우리는 잠재성에서 해방의 관념을 이끌어 낼 수 있다.

---

19) Gilles Deleuze et Félix Guattari, *Qu'est-ce que la philosophie?*, Minuit, 1991, p.158.
20) Deleuze, *Proust et les signes*, PUF, 1979, p.186.

둘째는, 시간과 신의 관계 설정에 근거한다. 들뢰즈는 칸트에 대한 강의를 하면서 "인간은 중간 휴지(césure)일 뿐 다른 것이 아니고······ 신은 빈 시간일 뿐 다른 것이 아니다"[21]라고 말한 바 있다. 이때 들뢰즈가 '신'이라고 표현한 것은 스피노자의 '신'의 의미와 가까운 것이지, 어떤 종류든 종교적 신을 말한 것이 아니다. 칸트의 시간에 대한 이런 해석은 『차이와 반복』에서 그의 (세번째) 시간을 설명하는 데 사용된다. "시간은 형식적이고 비어 있는 순서로 정의될 뿐 아니라, **집합** 그리고 **계열**로 정의된다. ······ 중간 휴지는 전체 시간에 타당한 어떤 행동, 어떤 단일하고 놀라운 사건의 이미지에 의해 결정된다."[22] 과거·현재·미래가 마치 어떤 중간 휴지를 중심으로 앞뒤로 배열되어 규정되고 또 집합을 이룰 수 있는 것으로 이해되는 이러한 시간은, 사건의 운동에 종속하지 않는 시간, 우리가 앞서 말했던 의미의 시간이다. 만약 개인이 전체 시간에 타당한 어떤 행동을 하게 된다면, 그는 이 시간과 '같아지게 되며'(le devenir-égal),[23] 그 순간 그는 개인에서 전(前)개인으로, 일인칭에서 비인칭으로, 자기의 삶에서 비인칭적인 삶으로 넘어갈 수 있으며, 이 순간이 바로 중간 휴지의 시간, 즉 현재가 된다. 즉, 들뢰즈에게 있어서 시간 간의 관계의 집합은 굳이 말하자면 신이며——칸트에 대한 강의에서만 국한해서 표현한 바이지만——, 그에게 있어 중요한 것은 인간이 이 시간과 같아지는 것이다. 그래서 우리는 이것을 해방이자 구원이라고 본다.

---

21) 1978년 3월 21일 행해진 칸트에 대한 들뢰즈의 강의 초록 중(www.webdeleuze.com).
22) Deleuze, *Différence et répétition*, PUF, 1968, p.120.
23) Ibid., p.121.

김기덕 감독에게서 이러한 '구원'의 주제를 찾아볼 수 있다는 것은 참으로 절묘한 일이다. 그에게서 완전한 소통 끝에 '구원'이라는 주제가 따라오기 시작했다. 「봄 여름 가을 겨울 그리고 봄」과 「사마리아」에서 명시적이든 암묵적이든 이 주제가 나타난다. '구원'이라는 것은 무엇일까? 우리는 이 영화들에 나타난 '구원'이라는 주제 역시 들뢰즈적으로 해석하고자 한다. '구원'은 영화 내적으로도 일어나고 영화 외적으로도 일어난다. 「나쁜 남자」의 한기는 첫눈에 매혹된 여자이자 자기를 모욕했던 여자를 매춘부가 되도록 하나, 그녀가 매춘하는 광경 앞에서 불편함을 느낀다. 그는 모욕에 대한 복수와 단순한 소유욕에서 비롯된 행동이 낳는 결과를 목도하면서 그 자신을 규정하고 있던 편협하고 왜곡된 정서에서 벗어나 선화뿐만 아니라, 자신과도 소통하게 되고 결국 선화를 보내주게 된다. 선화라는 존재도 마찬가지다. 한기 그 자체가 아니라 '포주'라는 정체성의 한기와, 선화 자신이 아니라 '대학생'이라는 정체성의 자기에 얽매여 있던 선화는 일련의 사건을 거치면서 그 모든 동일성과 편견과 사회적인 규정성이라는 껍데기 너머 존재 자체 간의 소통에 이르게 된다. 한기와의 소통뿐만이 아니라, '대학생'으로서의 선화 이전의 선화와 만나는 것이다. 동일성과 당위와 편견과 개인적인 정서의 노예 상태였던 자들이 그 너머의 차원에서 소통하고 만나게 되는 것이 '구원'이 아닐까? 영화 밖에서도 같은 일이 일어난다. 김기덕 감독은 보통의 지각으로는 볼 수 없는 현재의 진실을 잠재이미지를 통해 우리에게 선사했다. 현재를 살며 보통의 지각에 얽매여 있는 존재가 현재의 '진실'을 본다는 것, 그래서 개별성과 동일성으로부터 벗어난다는 것. 우리는 그것을 구원(해방)이라고 부르겠다. 이런 이미지는 언제나 불편하다. 왜냐하면 그것은 언제나 당연한 질서를 문제 삼기 때문이다. 그러나 그 불편함이 당연한 것에 틈을 내고 그 너머와 소통하도록 하는 열쇠가 된다. 그리하여 관객은 실재와 만나고, 서로 소통하고, 자아의 좁은 틀로부터 벗어나게 되는 것이다.

영화 이미지가 표현하는 잠재성의 미학

만약 영화의 이야기가 첫번째 벤치에서 시작하여 두번째 벤치에서 끝이 났다면—선화는 대학생이었다가 잠시 억지로 매춘부가 되었지만 다시 대학생으로 돌아간다는 이야기—감독이나 영화가 그토록 비판받지 않았을 것이다. 이런 이야기는 미학적으로나 도덕적으로나 고전적인 이론에 충실한 것이다. 고전적인 비극은 대부분 이렇게 구성되어 있다. 그런데 여기서 잠깐 우리는 들뢰즈를 따라 그리스 비극 가운데 아이스킬로스와 소포클레스의 비극을 구별해야 하겠다.[24]

들뢰즈는 아이스킬로스의 비극을 구성하는 시간은 '제한'(limitation), '위반'(transgression), '회복'(réparation)의 순환으로 이루어지나, 소포클레스의 비극은 위반된 법이 회복되는 시간이 없는 곧은 시간으로 구성된다고 설명한다. 예를 들이, 아이스킬로스의 비극 『아가멤논』은, 트로이 전쟁 후 트로이의 왕녀 카산드라와 함께 미케네로 돌아온 아가멤논이 아내와 아내의 정부 아이기스토스에게 살해되나, 아들 오레스테스가 어머니를 죽임으로써 아버지의 원수를 갚는다는 이야

---

24) 1978년 3월 21일 행해진 칸트에 대한 들뢰즈의 강의 초록 참조.

기이다. 이러한 비극은 모든 것이 처음에 결정된다. 아가멤논이 돌아왔을 때 그는 살해될 것이라는 것, 아내가 아가멤논을 살해했을 때——부당한 행위——이미 이 행위에 의해 지켜지지 않은 정의가 회복될 것이 정해져 있다. 그러나 소포클레스의 비극『오이디푸스대왕』은 오이디푸스가 아버지를 죽이고 어머니와 결혼함으로써 제한을 위반하나 위반된 제한의 회복이 이루어지지 않고 오이디푸스의 긴 방황으로 끝난다는 점에서 고전적 비극과 다르다는 점이 휠덜린(Johann C. F. Hölderlin)에 의해 연구된 바 있다. 전자가 우주적인 시간인 순환, 즉 동일한 것으로의 회귀에 근거하고 있다면, 후자는 동일한 것은 돌아오지 않는, '경첩을 벗어난' 시간, 그 무엇에도 고정되거나 지휘받지 않는 '미친' 시간에 근거하고 있다. 아이스킬로스의 비극이 존재의 위계, 가치의 위계를 함축하여 당위의 도덕성을 전하고 있다면, 소포클레스의 비극은 존재의 평등, 당위를 배제한 존재자들의 행동학을 그리고 있는 것이다.

선화가 대학생으로 되돌아갔더라면, 이 영화는 고전적인 비극과 도덕에 충실한 것으로, 이해하기도 쉬웠을 것이다. 그러나 선화가 다시 대학생 선화로 돌아가지 않는다는 점(정의가 회복되지 않는 것처럼 보이는 점), 깡패가 자기의 삶을 정리하지 않고, 매춘부가 대학생과 동일하게 취급된다는 점은 전통적인 도덕과 미학을 배신한 것이며(또는 전통적인 틀로 이해할 수 없으며), 야채장사가 아니라 매춘으로 동거를 시작했다는 점에서 허위의식을 배제한 실재를 표현한다는 점에서 잠재성의 미학을 철저하게 구현하고 있다. 「나쁜 남자」가 전통적인 도덕관을 뒤집고 있다는 것은 새로운 미학과 불가분의 관계에 있다. 정의가 복구되지 않는 이야기의 비평형성(대학생-매춘부-매춘부)은 당위적인 도덕에 도전했고, 현실과 판타지를 구별하기 어렵게 해놓음으로써, 인과관계와 개연성에 충실한 '이성'을 곤란에 빠뜨려 비극적 미학에 도전했다. 당위적인 도덕과 비극적 미학 대신에 그는 소통의 윤리와 잠재성의 미학을 제안한다. 「나쁜 남자」는 잠재성에 고유한 시간에 근거하지 않으면 이해할 수 없고, 소통의 윤리를 간파하지 않으면 용서할 수 없는 영화이다. '김기덕'의 특이성은 바로 이 이미지의 '잠재성'에 있다. 그리고 이러한 미학을 통해 그의 영화는, 배제와 처벌의 논리를 바탕으로 하는 도덕을 문제 삼고, 진실과 소통, 구원의 윤리를 제시한다. 바로 이것이 국제 영화제가 보여 주고 있는 김기덕-매니아의 이유라고 할 수 있을 것이다.

영화 이미지는 사건이 발생시키는, 또는 사건이 내포하는 의미를 표현하는데, 이 의미는 흐르는 시간 차원에 존재하는 것이 아니라 운동과 시간에 종속되지 않는, 정적이며 형식적인 시간, 시간 간의 관계의 집합 차원에 존재하며, 이 존재의 존재 방식은 잠재성이다. 잠재성을 표현한다는 것은 윤리적으로는 당위적인 도덕률과 상상적인 판타지(허위의식)를 배제하고 각 개별 사건의 진실을 그대로 드러냄으로써, 어디에도(특히 어떠한 동일성에도) 얽매이지 않는 존재자들 사이의 소통과 삶으로부터의 해방 또는 구원을 가능하게 한다는 것을 뜻한다. 이러한 윤리와 미학은 들뢰즈의 존재론으로부터 나오는 필연적인 결과이다. 그가 항상 염두에 두었던 존재의 일의성(univocité)이란 다름 아니라 대학생 선화와 매춘부 선화 사이에 어떠한 존재론적 위계가 없는 양태상의 차이일 뿐인, 그런 세계관의 표현이기 때문이다. 그러므로 '이미지를 잘 구성할 줄 아는 감독'이란, 들뢰즈 철학의 관점에서 본다면 영화 감독에 대한 최고의 찬사이다. 김기덕 감독이 종종 자신의 영화를 '반추상'이라고 부를 때, 또는 그가 판타지나 이미지에 대해 이야기할 때, 그는 이미 들뢰즈의 이 이미지 개념을 이해하고 또한 독특하게 구축해 놓고 있는 것이다. 그런데 평론가들이 그에 대해 '이미지를 잘 구성하는 감독'이라고 평가할 때는, 철학의 역사상 진리에 비해 평가절하되어 온, 눈에 보이는 현상이라는 의미에서의 '이미지'를 생각하는 것 같다. 바로 거기에 김기덕 감독에 대한 평단의 오해가 자리 잡고 있는 것이다.

보충 : 잠재성과 의미의 생성

장면 3과 관련하여 지금까지 설명한 것은 정확히 들뢰즈의 '차이' 개념과 일치한다. 들뢰즈가 말하는 '차이'와 '의미'는 항상 이런 잠재성의 차원에 존재하는 것으로, 사건과 함께 존재하는 이것은 이미 미분화되어 있으며(différentié), 현재적인 시간으로 분화된다(différencié). 수학적으로 설명하자면 사건의 의미는 그 사건이 발생한 순간 이미 그 관계가 dx/dy로 미분화되어 있지만, x와 y가 주어지지 않는 한 현재화되지는 않은 채 잠재적으로 존재한다.[25]

마치 한기와 선화는 이미 사랑하고 있었고, 그것은 함께 찍은 사진이 보여 주는 바와 같이 이미 의미의 관계가 장면 3에서 정해져 있었지

---

25) 들뢰즈, 이정우 옮김, 「구조주의를 어떻게 식별할 것인가?」, 『의미의 논리』, 한길사, 2000, 보론으로 첨부된 들뢰즈 논문 참조.

만 그 의미가 나중에야(장면 5에서) 밝혀지는 것처럼, 차이 그 자체의 의미는 다른 사건과 공명하면서 분화되는 것이다. 바닷가의 장면이 반복되는 것은 그러므로 바로 이 '차이 그 자체' 때문이다. 이 의미가 두 장면을 반복하게 만들었다. 즉 장면 5는 이 의미 때문에 생성된 것이다. '차이의 반복'이 바로 이 「나쁜 남자」에 영화적으로 표현되고 있는 것이다.

차이, 의미, 잠재성, 이미지 등을 김기덕의 「빈집」을 통해 다시 한 번 검증해 보자. 빈집을 찾아다니며 숙식을 해결하는 태석의 존재가 우리의 관심 대상이다. 태석은 현재하는 인물일까, 상상의 인물일까? 빈집을 전전하던 태석이 덜미를 잡혀 감옥에 갇힐 때까지 관객은 그가 실제로 존재하는 인물이 아닐 수도 있다는 생각을 하지 못한다. 그런데 감옥에서 태석이 소위 '유령 연습'을 하면서 교도관이 찾지 못하도록 숨기를 반복하다가, 어느 순간 그림자조차 없애는 것처럼 보이는 시점에 이르면 관객은 태석이 사실은 영화 속에서 '실존'하지 않는 인물인지도 모른다는 생각을 하게 된다. 실제로 감독이 여배우를 섭외하면서 시나리오를 보여 주자, 그 배우는 "이것은 여자의 꿈인 것 같아요"라고 말했다고 하며, 영화 마지막 장면에 감독은 친절하게도 "우리가 살고 있는 세상이 꿈인지 현실인시 알 수가 없다"는 자막을 띄웠다. 이 영화에 대해서도 역시 사람들은 영화가 후반부로 갈수록 판타지로 기운다든지, 어떤 장면이 비논리적이라든지 하는 평가를 내린다. 그러면 과연 무엇이 사실이고, 무엇이 판타지인가? 태석이라는 인물이 현재한다고 보는 것에는 큰 무리가 있다. 왜냐하면 감옥에서의 유령 연습 이후 태석은 마치 없는 존재인 것처럼 여겨지기 때문이다. 사람들은 그 누구도 그를 발견하지 못하고 그의 존재를 알아채지 못한다. 선화를 제외하고는. 그렇다면 태석은 여배우의 말대로 선화의 꿈인가? 선화가 상상해낸 인물인가? 그렇게 보기도 어렵다. 왜냐하면 태석은 선화의 집 외에도 자기가 그동안 들렀던 모든 집들을 영화 후반부에 다시 한번 들르면서 그 집에 실제로 약간씩의 흔적을 남기며, 그 집에 사는 사람들은 태석을 보지는 못하지만 '누군가가 있는 것 같다'고 느끼기 때문이다. 즉, 선화만의 태석은 아닌 것이다. 결국 태석은 사실적인 존재도 상상적인 존재도 아니다. 그는 잠재적인 존재이다. 그는 선화뿐만 아니라 그 누구에게도, 그들이 어떤 순간에 그들과 같이 있을 것 같다고 느끼는 그 존재이다. 태석 본인은, 마치 영화 내내 단 한마디도 하지 않는 데에서 보여지는 것처럼, 그 자체 '무의미'이다. 바둑판 전체의 의미가 그 자체로는 무의미이지만 새로 놓여지는 바둑알 하나에 의해 다시 생산되듯이, 태석이라는 무의미는 그가 방문하는 집의 의미를 생산한다.

GILLES DELEUZE

2부

윤리와 의미

4_ 들뢰즈에게 어떤 윤리를 기대할 수 있는가?

이 장은 개인적인 애착이 깊은 글이다. 처음 들뢰즈를 공부하기 시작하면서 그의 사유와 스타일에 모두 정신없이 끌렸던 것이 기억난다. 공부하면서 부딪혔던 첫번째 문제가 바로 이 문제였으니, 이 문제를 화두로 삼고 생각을 키워 나간 것이 벌써 10년이 넘는다. 문제는 여러 가지였다. 이 장에도 썼듯이 들뢰즈 본인이 윤리에 대한 논의를 전개하고 있지 않은 데다가 윤리적으로는 상당히 위험할 수도 있는 말을 턱턱 내뱉었다: 모든 것이 가치 있다; 모든 것이 허용된다. 논리적으로도 동일성을 하나의 효과로 생산하는 이 근본적인 '차이 그 자체'의 영역은, 동일성을 기초로 하는 그 어떤 '언명'도 원리로 세울 수 없게 한다. 이는 도덕적 무정부주의일까? 나는 그 문제를 결코 떨구어 낼 수 없었고, 20대 중반의 나이에 이 문제는 너무 어려웠다. 뭔가 잡힐 듯하긴 한데, 그걸 어떻게 체계적으로 말할 수 있을 것인지, 철학사적으로는 어떨 것인지, 전통적인 도덕과 윤리의 물음과 연구들 사이에서는 어떻게 자리 잡을 수 있을 것인지. 단서들은 많은데, 그 단서를 꿸 거미줄이 보이지 않았다.

이 장은 박사학위 논문의 길을 따라 쓴 것인데, 그 논문을 쓸 때에는 이 문제를 철학사적으로, 전통적으로 들뢰즈의 윤리가 어떤 맥락에서 삽입되거나 새로 자리 잡을 수 있을 것인지에 집착했다. 그래서 들뢰즈 윤리를 적극적으로 파고들기 전에 이미 있었던 도덕을 문제 삼을 수밖에 없었다. 이미 여러 번 발표하고 토론하고 학회지에 게재도 되고 출판도 됐지만, 나의 이런 고민과 집착이 엿보였을까? 들뢰즈 윤리를 말하는 데 이미 있었던 도덕을 비판하는 것이 꼭 필요했던 것은 아니었는데, 나에게는 그것이 꼭 필요했다. 그래서 나 자신을 몰아치다 보니, 이미 있던 도덕이 허구였고 억압이었다는 논리적 필연성을 이끌어 내게 됐는데, 이는 스스로를 설득시키기 위해 필요했던 과정이 아니었나 싶다. 그 과정을 여기서는 어린이 철학책에서 볼 수 있는 예로 간략하게 줄였다. 이미 발표한 글이기도 하고, 이제 나에게는 기존의 도덕을 비판할 심정적 필요가 없기 때문이기도 하다.

이 장의 결론은 어쩌면 매우 간단하다. 어떤 원리든 미리 전제되는 것은 무엇이든 허구이고 억압이므로, 논리적으로도 필연적으로 이 결론이 나온다: 아무 원리도 미리 존재하지 않지만, 각 개별 사건과 각 개별 존재자들이 만들어 내는 구체성에 답이 있으므로 그때그때 답을 찾아야 한다는 것이다. 그런데, 이것은 정말 말이 쉬운 것이다. 그때그때의 개별성이라는 것. 그리고 그 개별성에 가장 적절한 행동이라는 것. 그것은 '어떻게' 판단할 것인가? 그것을 판단해 낼 '능력'이 우리에게 있는가? 이런 식으로 해서 나는 우리의 능력에 대해 생각하기 시작했다. 그러면서도 많이 주저하고 방황했다. 스피노자를 따라 욕망으로 할 것인지, 니체를 따라 몸의 이성으로 할 것인지, 아니면 다른 무엇으로

잡을 것인가? 그러다가 의식/무의식/비인칭적 의식의 길을 가기로 한 것이다. 어쨌든 나는 칸트의 길을 따르겠다고 생각했다. 능력 비판이다. 다만 칸트처럼 도덕적 '요청'에 따라 가지는 않으리라 마음먹었다. 주체의 능력 비판. 다만 물자체는 배제되지 않았고, 물자체에 걸맞는 능력은 무엇일지 아직 잡히지 않은 상태였다. 목표는 차이 그 자체였고, 그에 맞는 능력은 비인칭적 의식이다.

도덕의 허구성과 억압성

어린이들을 위한 책 『더불어 산다는 것은 무엇인가』[1]에서 저자는 몇 가지 윤리적인 질문에 대한 아이들의 대답들을 철학적으로 검토하고 있다. 예를 들면 다음과 같은 방식이다.

> 질문: 너는 언제나 다른 사람들을 존중해야 하니?
> 대답 1: 나는 나를 존중하는 사람들만 존중해요.
> 저자: 그래. 하지만 다른 사람도 역시 네가 그들을 존중하기를 기다린다면 어떻게 하지? 그리고 우리가 모두 '존중'에 대해 같은 생각을 가지고 있을까? 만약 내 존중이 다른 사람의 존중에 의존하는 것이라면 그것이 무슨 가치가 있을까?
> 대답 2: 나는 도둑과 범죄자는 존중하지 않아요.
> 저자: 그래. 하지만 우리가 존중하지 말아야 할 사람들이 있을까? 무

---

[1] Oscar Brenifier et Frédéric Benaglia, *Vivre ensemble, c'est quoi?*, Nathan, 2005.

슨 권리로 그런 사람들을 정하지? 만약 네가 잘못 행동하면 우리는 너를 존중하지 말아야 하니?

대답 3: 아니요. 왜냐하면 나는 모든 사람을 사랑할 수는 없기 때문이에요.

저자: 그래. 하지만 너는 네가 사랑하는 사람들만 존중해야 하니?

대답 4: 네. 내가 다른 사람을 존중하지 않으면 사람들이 나를 예의 바르지 않다고 생각할 거기 때문이에요.

저자: 그래. 하지만 예의 바름이 거짓말의 일종이 되겠구나. 너는 항상 다른 사람이 너에 대해 어떻게 생각하는지를 신경 써야 하니?

대답 5: 네. 왜냐하면 누구나 자기가 원하는 대로 행동할 권리가 있기 때문이에요.

저자: 그래. 하지만 다른 사람의 모든 것을 용인해야 하니? 우리가 존중하는 사람들에 대해 정말 생각하고 있는 바를 이야기하면 안 되는 건가? 개인의 자유가 모두의 행복보다 중요하니? 우리는 어떤 방식으로 우리의 주변 사람들을 존중해야 할까? 각 개인들 모두 '존중'에 대해 다른 생각을 가지고 있는데? 어떤 사람들에게는 존중이란 관용이고, 또 어떤 사람들에게 존중은 예의와 비슷하게 생각되거든. 즉 그 사람에게 상처가 되거나 거칠게 들릴 수 있는 말은 안 하는 것이 낫다는 식으로 말이야……

'다른 사람을 존중해야 하는가' 라는 질문에서 비롯된 이 대화는 그 결론에 이르지 못했을 뿐만 아니라, 오히려 독자를 혼란에 빠뜨리는 결과를 낳았다. 왜냐하면 첫째, '다른 사람에 대한 존중'을 다루는 질문에 대한 대답으로 그에 대항할 수 있는 다른 여러 가치들——관용, 자유, 예의, 권리 등이 등장하여, 가치들의 대결 구도로 이야기가 전개되었을 뿐만 아니라, 둘째, '존중' 그 자체에 대해서도 각자 다른 생각을 가지고 있을 수 있다는 결론에 이르러, 결국 '다른 사람을 존중해야 하는가' 라는 질문조차 던지기 어렵게 되었기 때문이다. 이것은 철학에서 흔히 일어나는 논쟁의 형태이다.

플라톤의 『라케스』(Lachès)에는 '젊은이들에게 검술 수업을 받도록 해야 할 것인가, 아니면 그들에게 검술 수업을 받지 말도록 하여야 할 것인가?' 라는 한 부모의 질문에 대해 소크라테스가 라케스, 니키아스(Nicias)와 토론을 벌이는 장면이 나온다. 라케스와 니키아스가 서로 반대되는 대답을 하자, 결정적인 대답을 듣고자 했던 이 부모는 소크라테스가 이 상황을 정리해 주기를 바란다. 그러나 소크라테스는 '검술과 같은 무예의 수업을 받아야 하는가?' 라는 질문은 '검술과 같은 무예 수업에서 사람들은 무엇을 기대하고 있는가?' 라는 질문으로 대체되어야 하며, 또한 이 질문은 다시 '검술 수업을 받는 목적이 무엇인가?' 라는 질문으로, 만약 그것이 용기를 위한 것이라면, '용기란 무엇인가?' 라는 질문으로 대체되어야 한다고 말한다. 결국 우리는 '용기' 의 본질에 대해 알기 전에는 '젊은이들에게 검술 수업을 받도록 해야 할 것인가?' 에 대한 대답을 할 수 없다는 것이다. 이것은 정확히, '존중' 의 본질을 알기 전에는 '우리는 항상 다른 사람들을 존중해야 하는가?' 라는 질문에 대답하지 못하게 되는 앞의 상황과 일치한다. 프랑수아 샤틀레는 이러한 소크라테스적 상황에 대해 다음과 같은 주석을 단 바 있다. "소크라테스가 진행한 부정적 증거들의 순환을 따라가게 되면, 우리는 데카르트의 『성찰』을 읽는 독자와 같은 상황에 처하게 된다. 즉 그 어떤 확실성도 존재하지 않는 상황에 말이다."[2) 소크라테스를 가장 존경한 플라톤은, 그러나 "소크라테스는 **과학**을 구축하는 것이 가능하다는 것과, 이제 철저한 비판 기획에 의해 그 방법이 주어졌다는 것을 생각하지 않고 너무 일찍 절망했다"고 비판했다. 소크라테스가 '알 수 없음'이라는 '불확실성'을 인정하고 거기서 멈추었다면, 플라톤 이래 데카르트, 칸트 등의 철학자들은 이 '알 수 없음'의 세계를 시뮬라크르(simulacre)의 세계로 강등시키거나 배제하는 방식으로 어떤 '확실성'을 '전제'하고 그것을 기초로 하여 '형이상학'이라는 그들만의 과학을 구축했다. 그 결과 도덕은 어떻게 되었는가? 소크라테스를 따라가면 우리는 아무 질문에도 대답할 수 없고, 플라톤 이래 전통 철학을 따라가게 되면 '자의적인 확실성'에 기초한 도덕에 이르게 된다.

그런데 우선 우리는 이 두 가지 방식이 모두 적절하지 않다고 생각한다. 하나는 도덕적인 질문에 대답을 하지 못하고 있기 때문이고, 다른 하나는 근거가 되는 어떤 하나를 '전제'하고 그로부터 대답을 이끌어 내고 있기 때문이다. 도덕적 질문에 대한 대답이 이렇듯 적절하지 못한 근본적인 이유는 무엇일까? 그것은 이 질문 자체가 이미 구체적인 현실을 떠나 있기 때문이다. 즉, 들뢰즈가 비판해 마지않는 '일반성'에 근거하고 있기 때문이다. 그것은 개별 현실들을 동일한 것의 반복으로 보고, 그것들로부터 '일반적인 것'을 이끌어 내어, 그로부터 도

---

2) François Châtelet, "Platon", *Histoire de la philosophie I, La Philosophie païenne*, Hachette, 1999, pp.95~96.

덕적인 질문을 만들었기 때문에, 이 질문은 이미 현실을 담기에는 '너무 멀고, 또한 너무 헐거운' 것이다.

들뢰즈의 새로운 윤리

그리하여 나는 들뢰즈의 새로운 윤리를 도덕적 의식이 아닌 새로운 심급, 들뢰즈에게 적합한 심급에 정초하기 위해 다음과 같은 의식의 여러 심급에 대한 비판을 진행하였다.

의식의 모호성

"우선 잠옷 윗도리를 입고 다음에는 아랫도리를 입은 후에 저녁이면 침대로 기어 들어가고, 아침이면 침대 밖으로 나와 한 발짝 한 발짝 걸어가는 것은 얼마나 진절머리 나는 일인가. 이런 것이 변하리라는 희망은 거의 없다. 수많은 사람들이 이렇게 해왔고 우리 이후에도 수많은 사람들이 이렇게 하리라는 것은 진정으로 슬픈 일이다."[3]

우리는 이와 같은 행위들에 대해 도덕적인 결정이 필요한 행동이라고 생각하지 않는다. 이런 식으로 영위되는 삶은 도덕적으로 아무 가치가 없거나 심지어 '나쁜' 삶이라고 여겨질 것이다. 그것은 이 행동들이 동일한 것을 반복하는 습관의 자동성에 근거하고 있기 때문이며, 여기에 부족한 것은 바로 '의식'이다. 즉, '의식'은 도덕의 조건이다. "리쾨르(Paul Ricoeur)는 도덕감이란 절대로 동일하지 않은 심리적인 나

---

3) Deleuze, *Différence et répétition*, PUF, 1968, p.10.

(Moi)에 속하는 것이 아니라, 이 나(Moi)가 자기(soi-même)와 맺는 관계에서 비롯된다고 말한 바 있다." 즉 "도덕적인 의식이란 전(前)반성적 행동과는 다른 질서에 있는 것이다".[4] 그런데 '내가 나와 맺는 관계'인 이 의식은 무엇인가? 의식에 대한 이러한 이해에는 필연적으로 시간이 개입한다. 그렇다면 의식을 '기억'이라고 부를 수 있을까? 아우구스티누스의 시간에 대한 기통의 해석을 보자.

> (아우구스티누스에게 있어서) 기억은 우리가 오늘날 의식이라고 부르는 것과 거의 구분되지 않는다. …… 아우구스티누스는, 과거와 관련하여 회상하는 능력이 기억인 것처럼, 현재와 관련해서도 역시 영혼이 자기 자신에게 현전하는 능력을 기억이라고 부를 수 있다고 말한다.[5]

그러니까 오늘날 '의식'과 '기억'이라고 각각 따로 부르는 계기들이 사실은 관계하는 시간이 다를 뿐이지 같은 능력이라는 것이다. 들뢰즈에게서도 비슷한 구도를 찾아볼 수 있다.

> 지나간 현재와 현재적 현재는 그러므로 시간의 선상에 계기하는 두 순간이 아니다. 현재적 현재는 필연적으로 또 하나의 차원을 포함하고 있어서, 이 차원을 통해 지나간 과거를 재-현(re-présenter)하고, 또 스스로를 표상(se représenter)한다.[6]

---

4) Jean-Jacques Wunenburger, *Questions d'éthique*, PUF, 1993, pp.23~24.
5) Jean Guitton, *Le temps et l'éternité chez Plotin et Saint Augustin*, Boivin, 1933, p.200.

들뢰즈는 현재적 현재가 품고 있는 또 하나의 차원을 통해 자기 자신을 표상하는 것을 '오성'(entendement)으로, 지나간 과거를 표상하는 것은 '기억'(mémoire)으로 규정하면서, 이 두 표상의 원리를 바로 기억의 능동적 종합으로 보았다. 능동적 종합을 원리로 하는 이 두 표상 활동이, 수리오가 이미 그렇게 보았듯이,[7] 의식에 다름 아니다. 기억이 의식을 구성한다는 것이 그리 놀라운 발견은 아니다. 사실상 기억이라는 자리에 축적된 과거의 경험들이 도덕적인 의식을 구성하는 데 중요한 역할을 하기 때문이다. 마디니에의 다음 예를 보자.

유리한 판결을 하는 조건으로 어떤 이권을 제안받은 한 판사가 있다고 하자. …… 정직했던 그의 과거, 그의 명예, 그의 평판, 이미 느끼고 있는 수치 등 이 모든 것이 하나의 저항 더미가 되어 일종의 내적인 목소리로 표현된다: 하지마, 그건 악이야.[8]

"그건 악이야"라고 말하는 내적인 목소리, 그것이 바로 도덕적인 의식일 것이다. 그리고 "정직했던 그의 과거, 명예, 평판"이 지나간 현재의 표상들이라면, "이미 느끼고 있는 수치"는 현재적 현재의 표상 또는 과거 기억의 현재적 결과일 것이다. 이와 같이 기억의 능동적 종합은 지나간 현재들을 나의 과거에 저장함으로써 나를 시간의 흐름과 비

---

6) Deleuze, *Différence et répétition*, p.109.
7) "의식의 모든 상태는 그 상태가 기억하고 있는 차원 이외에 하나의 또 다른 차원을 필요로 한다." (Michel Souriau, *Le Temps*, Alcan, 1937, p.55 ; Deleuze, *Différence et répétition*, p.110 재인용)
8) Gabriel Madinier, *La Conscience morale*, PUF, 1963, p.1.

례하여 비대하게 만드는 인자이다. 그것은 자아를 동일화하고 비-자아를 배제한다. 그런데 의식의 필터를 통과한 주체는, 들뢰즈에 따르면, 반어적으로 다시 '(이차적 또는 파생적) 습관의 자동성'으로 되돌아간다. 왜냐하면 이 주체는 다시 동일성의 법칙에 따를 수밖에 없기 때문이다. 의식은 각 현재로부터 동일성을 추출해 스스로를 표상하고 기억을 구성한다. 다시 말해 의식이 구축하는 '선'이라는 것은 자아의 동일성으로부터 이끌어 내어질 수밖에 없다. 즉, 의식적 주체는 동일성의 법칙, 즉 습관의 법칙을 따르는 것이다. 이에 들뢰즈는 다음과 같이 의식의 모호성을 지적하고 있다.

> 의식의 모호성은 바로 이것이다: 의식은 자연의 법칙과는 관계가 없는 외적이고 우월한 도덕적인 법칙을 상정해야만 다루어질 수 있지만, 한편으로는 자연의 법칙의 이미지와 모델을 의식 안에 복원시키지 않고서는 도덕 법칙을 적용할 수 없다. 그래서 도덕 법칙은 우리에게 진정한 반복을 제공하는 대신, 우리에게 다시 한번 일반성만을 남긴다. 일반성이란 이번에는 자연의 일반성이 아닌 이차적인 본성으로서의 습관의 일반성이다.[9]

습관적인 삶과는 달라야 하는 도덕적인 삶이 다시 이차적 습관에 따른 삶에 다름 아니라는 것이 이 지적의 핵심이다. 그러므로 심지어 '도덕'을 정립하기 위해서도 '도덕적 의식'은 도움이 되지 않는다. 도덕이 원칙이나 법칙을 상정하거나 요청함으로써 삶을 억압하기 때문에 새로운 윤리가 필요할 뿐만 아니라, 도덕적 의식이 실제로 '진정한' 도덕을 기초 짓지 못하기 때문에, 새로울 뿐만 아니라 '진정한' 윤리가 필요한 것이다. 의식이 아니라면 무엇이 그 근거가 될 것인가? 무의식이 적절한 계기일까?

무의식의 한계

무의식이 적절한 계기가 될 것인지를 묻기 위해서는 무의식이 무엇이며 어떻게 형성되는지를 검토해 보아야 한다. 아우구스티누스의 시간에 대한 반성으로부터 의식이 기억이 아닌지를 물었던 것처럼, 무의식 역시 그로부터 시작해 보자.

> 기억이라는 단어는 아우구스티누스에게 있어서 종종 '무의식'(inconscient) 또는 '잠재의식'(subconscient)으로 번역되어야 한다. …… 그러나 이 비유에 속지 않기 위해서 분명히 해야 할 것이 있다. 현대인들에게 무의식이 의식의 가장 낮은 형태로 이해되는 반면 아우구스티누스에게 있어 '무의식'이란 우리의 가장 높은 형태일 것이다. 왜냐하면 신이 거기에 있고, 우리의 주름(replis)으로 내려와 그의 영광으로 우리를 끌어올리기 때문이다.[10]

아우구스티누스에게 있어 기억은 의식을 지칭하기도 하고 무의식을 지칭하기도 한다. 왜 '기억'이라는 단어가 아우구스티누스에게 이

---

9) Deleuze, *Différence et répétition*, p.11.
10) Guitton, *Le temps et l'éternité chez Plotin et Saint Augustin*, p.200, note 4.

렇게 모호하게 사용되었을까? 그것은 아마도 '의식적 기억'과 '무의식적 기억' 또는 '자발적 기억'과 '비자발적 기억'을 구분하는 단어를 갖지 못했기 때문일 것이다. 들뢰즈는 이 두 기억이 어떻게 형성되는지를 다음과 같이 설명한다. 현재적 현재가 자기 자신과 지나간 현재를 표상하기 위해 현재적 현재 외에 하나의 또 다른 차원을 포함해야 한다는 것을 이미 보았다. 현재적 현재가 다른 차원을 통해 표상한 것들은 정체성이 확립되어 '경험적 과거'(passé empirique)의 공간에 정리되고, 이것을 기억해 내는 것이 의식적 기억 혹은 자발적 기억이다. 표상적으로 포착되지 못한 것은 무의식을 구성하며 '순수 과거'(passé pur)에 머무른다. 이 과거는 **순수**한데, 그것은 그 순간에 체험되었지만 표상되지는 않았기 때문이다. 들뢰즈는 이런 무의식에 관련된 기억을 므네모시네(Mnémosyne)로 달리 불렀다. 이것이 바로 무의식적 기억 혹은 비자발적 기억이다. 이를테면 프루스트의 『잃어버린 시간을 찾아서』에 나오는 마들렌의 상기(réminiscence)가 그런 것이다. 주인공이 마들렌을 맛보다가 문득 떠올린 것은 경험적 과거가 아니라 순수 과거이다. 그가 기억해 낸 것은, 겪었던 그 순간에 이미 알아챘던 것이 아니라, 그 순간에 겪었지만 지금까지 한 번도 생각해 보지 않았던 어떤 것이기 때문이다. 비자발적으로 떠올려진 이것. 이것을 들뢰즈는 '콩브레의 즉자 존재'(l'en-soi de Combray)라고 명명한다.

그러나 바로 거기, **망각 속에서** 콩브레는 한 번도 현재였던 적이 없는 과거의 형태로 솟아오른다. 즉 콩브레의 즉자 존재이다. 만약 즉자적인 과거가 존재한다면, 상기가 사유의 본체(noumène)이다. …… 우

리가 다른 결정적인 무엇을 가지고 있지 않다면, 즉 시간의 세번째 종합이 없다면 말이다.[11]

무의식과 비자발적 기억에 대한 지금까지의 논의와 이 인용문에서 우리는 두 가지를 짚어야 한다. 첫째, 윤리를 정립하기 위해 의식적 주체가 아니라 무의식적 존재를 다룬다는 것은, 이성으로 파악하지 않으면 그 앞에서 무력할 수밖에 없는 위험한 미지의 세계인 무의식에 굴복해야 한다거나 무의식에 존재를 내맡겨야 한다는 의미의 윤리를 정립하려는 것이 아니다. 그것은 오히려 동일성으로 환원되고 선적인 시간에 묶여 있는 의식적 존재를 의식화되지 않았으나 존재했던 것까지 모두 고려해 그 '전체성'에 있어 고찰하려는 것이다. 현재화되고 표상되지는 않지만 존재하는 것, 더 중요하게는 현재화되고 표상되는 것을 존재하도록 하는 것, 동일성을 그 효과로서 나타내는 것으로서의 차이 그 자체, 콩브레의 즉자 존재를 붙들려고 하는 것이다. 즉, 무의식적 존재는 바로 이런 전체로서의 존재에 가까운 것이다. 둘째, 그러나 무의식으로 충분하지 않다. 들뢰즈는 "우리가 다른 결정적인 무엇을 가지고 있지 않다면, 비자발적인 기억이 사유의 누멘이다"라고 말했다. 즉, 들뢰즈는 다른 결정적인 것을 준비하고 있고, 비자발적 기억은 충분하지 않은 것이다. 그렇다면 무엇이 충분하지 않고, 들뢰즈가 준비하고 있는 결정적인 것은 무엇인가? 여기서 들뢰즈가 다루고 있는, 기억과 비자발적 기억의 두 선구자 베르그송과 프루스트를 잠시 검토해 보기로 한다.

---

11) Deleuze, *Différence et répétition*, p.115.

베르그송에게는 과거가 그 자체로서 보존된다(se conserve)는 것을 아는 것으로 충분하다. 꿈이나 기억 착오를 다룬 페이지들이 깊이 있고 심오하기는 하지만, 베르그송은 본질적으로 어떻게 즉자적으로 존재하는 과거가 또한 우리에 대해서 구해질(être sauvé pour nous) 수 있을지 묻지 않는다. …… 반면 프루스트의 문제는 이런 것이다. 그 자체로서 보존되고(se conserve) 살아남는 과거를 어떻게 구할 것인가(comment sauver pour nous)? …… 비자발적 기억(Mémoire involontaire)은 바로 이 물음에 대해서 해답을 준다.[12]

즉, 그 자체로 보존된 과거, 즉자 존재로서의 과거는 베르그송의 주제였는데, 그는 이 과거가 '우리에게' 어떻게 구해질 수 있을지, 다시 말해, 우리가 이 과거를 어떻게 '구할 수' 있을지에는 관심을 두지 않았다는 것이다. 들뢰즈에 따르면 프루스트의 관심이 여기에 있었고, 비자발적 기억이 그 해답이라는 것이다. 그런데 무엇이 부족한가? 그것은 바로 베르그송의 그 '과거'가 자기동일성과 떨어질 수 없는 관계에 있다는 사실이다. "자기동일성을 확보해 주는 것이 바로 기억이라는 사실을 철학사에서 처음으로 밝힌 사람이 바로 베르그송이며, 그와 동시에 기억은 타자화하는 물질을 거슬러 올라가 매 순간 자신의 과거를 버리지 않고 끌고 감으로써 자기동일성을 유지하게 해주는 것이므로, 원리상 모든 것이 모조리 기억되어야 한다는 이론이 확립된다."[13]

---

12) Deleuze, *Proust et les signes*, PUF, 1979, pp.97~99.
13) 최화, 「베르크손의 생애와 철학, 그리고『시론』」, 앙리 베르크손, 최화 옮김, 『의식에 직접 주어진 것들에 관한 시론』, 아카넷, 2001, 316쪽.

즉 그것이 아무리 '순수 과거'라 할지라도 언제나 '나'의 과거 안에 있는 한에서의 과거일 뿐이다. 그러나 들뢰즈가 구하고 싶은 즉자 존재는 '내 안의' 즉자 존재가 아니라 '즉자 존재 안의 즉자 존재'이다. '콩브레의 즉자 존재'는 주인공의 '자기' 안에 존재하는 '즉자 존재'가 아니라, 그 누구의 '안'에도 있지 않고, 그 자신 안에만 있는 즉자 존재여야만 하기 때문에 무의식과 비자발적 기억이 이 존재를 담기에 부족한 것이다. 이것은 들뢰즈의 내재성에 대한 이해에서도 확인할 수 있다. "절대적 내재성은 즉자적으로 있다: 그것은 어떤 것 안에(dans), 어떤 것에(à) 있지 않으며, 어떤 대상에 의존하거나 어떤 주체에 속하지 않는다. 스피노자에게 있어서 내재성은 실체에 있지 않고, 실체와 양태가 내재성 안에 있다."[14] 내재성이 무의식적 기억 **안에** 있지 않고, 스스로 안에만 있다면, 내재성 그 자체인 이것으로 들뢰즈가 제시하는 것은 무엇인가? 들뢰즈가 '시간의 세번째 종합'으로 우리에게 말하고 있는 것은 무엇인가? 의식과 무의식이 아닌 것으로서 우리는 무엇을 검토해야 하는가?

비인칭적 의식

들뢰즈가 말하는 이 즉자 존재, 내재성에 고유한 '것'은 의식도 무의식도 아니고, "비-주관적 의식의 순수 흐름, 비인칭적 전(前)반성적 의식(conscience préréflexive impersonnelle)"[15]이다. 들뢰즈의 중요한 다

---

14) Deleuze, "L'Immanence : une vie...", *Philosophie*, n° 47, Minuit, 1995, p.4.
15) Ibid., p.3.

른 개념들이 이 비인칭적 의식과 관계를 맺는다. 우선 그는 선험적(또는 초월적) 장(champ transcendantal)을 이 의식으로 정의한다. 그리고 이런 개념의 원천을 사르트르(Jean P. Sartre)에게서 찾지만, 그에게서는 이 의식이 언제나 '지향성'(intentionnalité)으로 이해된다는 측면을 아쉬워했다.[16] 즉 들뢰즈의 이 의식은 '이론상'의 의식일 뿐 주체의 의식도 아니요, 대상을 지향하는 의식도 아닌 순수 흐름으로서의 비인칭적이고 내재적이며 절대적인 의식이다. 이러한 이론상의 의식마저도 배제한 후에는 이 장이 내재성의 면(plan d'immanence)으로 재정의된다. 이 내재적인 것에 대해 주체와 대상은 초재적인(transcedant) 것이다. 즉, 우리가 의식적 주체로서 대상을 인식하고, 그 의식으로 도덕성을 기초 지을 때, 우리는 이 내재성으로부터 벗어난 존재로 사는 것이다. 우리가 인간의 의식으로부터 시작해서 결국 비인칭적 의식에 해당하는 내재성에 도착했다는 것은, 존재와 사건이 일치하는 지점에 이른 것에 다름 아니다. 즉, 비인칭적 의식을 가지거나 혹은 이에 이를 수 있다면 우리는 그 사건에 일치하는 삶을 살 수 있을 것이다. 내재적으로 산다는 것은 무엇을 의미하는 것일까? 들뢰즈의 내재성 개념으로부터 이를 설명해 보자.

내재성에 대해 들뢰즈는 항상 이렇게 말한다. 그것은 현실적이지 않으면서 실재하고, 추상적이지 않으면서 관념적이다; 현재적 현재로 분화(différencié)되지 않았다는 의미에서 부재하지만 그 현재가 내포하는 의미로서 잠재적으로 있다는 의미에서 실재한다; 현재적 현재로부

---

16) Deleuze, *Logique du sens*, Minuit, 1969, pp.120~121.

터 표상될 수 없는 것(irreprésentable)이자, 말할 수 없는 것(indicible)이기 때문에 현재로부터 추상될 수 없지만, 현재적 현재의 본질이라는 의미에서 정확하게 미분화(différentié)되어 있는 현재의 관념(idée)이다. 다분히 플라톤적인 이 '관념'이라는 것의 연원은 플라톤이 아니라 스토아학파에게서 찾아야 한다. 스토아학파에게 있어 존재하는 것은 물질적인 것(corporel)뿐이었고, 비물질적인 것(incorporel)에 대해 이야기했으나 그것은 물질적인 것에 부수하는 것이다. 그러니까 감각적인 실재를 생산하는 이데아가 먼저 있는 것이 아니라, 감각적인 것에 부수하는 것으로서의 감각적인 것의 본질인 관념이 발생하는 것이다. 내재성의 삶이란 그러므로 '나의' 삶에 부수하며, 나의 삶이 함축하고 있지만 '내'가 포착하지 못하는 본질, 또는 **진실을 사는 것**이라고 할 수 있겠다.

내재성이 본질이자 관념이므로 그것은 현실에 부수하나 또한 현실을 생산한다. 그러나 그것은 동일한 것을 생산하는 것이 아니라 낯선 것(이질적인 것)을 생산한다. 다시 말해 내재성은 동일성의 법칙, 인과의 법칙의 지배를 받지 않는다. 잠재적인 실재를 현재적 현재가 함축하는 것으로 이해했지만, 그것은 현재적 현재의 질서에 의존하지 않는다. 내재성의 잠재성 또는 비물질성은, 물질적인 것, 현재적 현재에 부수한 것임에도 불구하고 그것에 대해 독립적이다. 앞에서 이미 인용한 대로, "절대적 내재성은 즉자적으로 있다: 그것은 어떤 것 안에(dans), 어떤 것에(à) 있지 않으며, 어떤 대상에 의존하거나 어떤 주체에 속하지 않는다". 즉, 마들렌을 맛보면서 떠올린 것은, 그 자체로 있는 것이지, 마들렌의 맛 '안에' 존재하거나, 주인공의 기억 '안에' 존재하지 않으며,

이들의 질서에 종속하지도 않는다. 현재적 현재의 질서, 즉 인과성에 종속하지 않는다는 것을 분명히 함으로써 들뢰즈가 보여 주고 싶었던 것은, 이 내재성이 현재적 현재의 무한한 생산을 담당하는 진정한 기계가 되도록 하는 것이다. 그가 꿈꾼 것은 이질성 그 자체(hétérogénéité)를 구하는 것뿐만 아니라, 이질적 생산(hétérogenèse)이었다.[17] 나의 삶이 동일한 것의 반복과 시간의 선적인 흐름, 그리고 인과성에 갇혀 있다면, 나의 삶이 함축하고 있으나 표상되지 않는 내재성은 인과성과는 다른 질서에 의해 이질적인 것을 생산할 수 있도록 한다. 즉, 내재적 삶은 동일성과 일반성에 갇힌 **나의 삶으로부터 복수성, 전체성, 삶의 본질로의 해방을 의미한다.**

동일한 것의 반복과 인과성의 지배를 받지 않는 이 내재성의 수준에서 이질적인 것들은 어떻게 존재할까? 이질적인 것들은 서로를 동일화하지 않으면서 서로 간의 거리를 긍정하는 방식으로 공존한다. 동일성으로 환원하는 어떠한 힘도 존재하지 않는 복수성만의 세계이다. 들뢰즈가 니체의 영원회귀로부터 가져오고 싶었던 가장 중요한 개념은 이 '긍정'일 것이다. "영원회귀는 긍정하는 힘(puissance)이다. 그러나 그것이 긍정하는 것은 복수적인 것의 전체, 차이나는 것의 전체, 우연적인 것의 전체이며, 하나, 동일한 것, 필연, 그리고 이에 종속하는 것은 제외한다."[18] 내재성은 그러므로 긍정들만을 포함하는 긍정적인 힘이다. 각 삶의 진실들이 표현된 영역인 이 내재성이 이미 '나의' 삶으

---

17) Deleuze, "Lettre-préface", Jean-Clet Martin, *Variations: la philosophie de Gilles Deleuze*, Payot, 1993.
18) Deleuze, *Différence et répétition*, p.152.

로부터의 해방이었다면, (동일성과 배제를 함축하는) 개인의 삶으로부터 해방된 긍정적인 존재들로서의 각 삶들이 서로를 긍정하게 되는 것은, 다시 말하면 **삶들 사이의 소통이자 이해**라고 할 수 있다.

개별 사건의 의미를 다시 말해 우리는 삶의 진실로 표현했고, 이 의미를 포착한 경우, 우리는 우리의 비좁은 삶의 틀로부터 해방된다고 설파했으며, 동시에 다른 삶들을 이해하고 서로 소통하게 되리라는 윤리적 비전을 밝혔다. 이는, 우선적으로는 전혀 도덕적 무정부 상태가 아니었다. 그것은 나를 규정하는 여러 파생 법칙들, 이를테면, 선적인 시간의 법칙, 인과성의 법칙, 표상의 법칙, 허구이자 억압인 도덕 법칙 등으로부터 벗어나, 동일성이 아닌 고유성(singularité)과 만난다는 것, 그리하여 고유성들과 소통한다는 것을 의미할 것이다. 그렇다면 암묵적으로 이런 삶을 표현하는 이 내재성 차원의 윤리가 과연 실제 상황에서 어떤 힘을 발휘할 것인가? 우리는 앞에서 두 가지 질문을 다룬 바 있다. "다른 사람을 존중해야 하는가?"라는 물음과 "젊은이들에게 검술 수업을 받도록 해야 할 것인가?"라는 물음이 그것이다. 소크라테스의 후예들은 이 질문에 대답하기 위해서 우선 '존중'과 '용기'가 무엇인지 알아야 했기 때문에 물음에 대답할 수 없었다. 불확실성 자체를 혐오하거나 두려워했던 플라톤의 후예들은 '이데아', '원칙' 또는 '법칙'과 같은 어떤 확실한 지점을 상정해 놓고 이런 질문에 대답하기에 이르렀다. 들뢰즈에 따른다면 어떻게 대답해야 할까? '원칙'과 '법칙'이 허구라는 것, 또는 적어도 이차적이라는 것을 보았고, 이런 질문이 그 자체로 이미 현실로부터 너무 멀고 현실에 비해 너무 헐거운 '일반성'에 근거한 것이라는 사실을 지적했다. 우리의 삶을 구성하는 개별 사건들은 사건들마다 고유하기 때문에 비슷한 사건들끼리 모아 놓고 그것을 일반화시켜 그에 대한 일괄적인 질문을 만들거나 대답할 수 없다. "다른 사람을 존중해야 하는가?"라는 일반화된 질문에는 이미 이 질문을 하게 만든 구체적인 사건의 '의미' 또는 '진실'은 빠져 있다. '존중'이라는 일반화된 원리는 각 사건, 각 존재, 각 삶이 가지는 유일 무이한, 비표상적 의미로부터 너무 멀리 떨어져 있다. 만약 이 의미를 각 순간 간파한다면 바로 그 사건이 요구하는 가장 정확한 행동이 무엇인지 그때 판단할 수 있을 것이다. 아무 원칙도 제시하지 않는 것처럼 보이는 이 무원칙의 원칙이 사실은 가장 엄격한 삶의 원칙일 수 있다는 것을 보아야 한다. 왜냐하면 사실상 어떤 맹목적인 원칙을 세워 놓고 이것만을 따르는 것이 오히려 쉽고 또 안락하기 때문이다. 각 순간마다 그 의미를 제대로 보아야만 한다면, 그 순간이 보여 주는 견디기 어려운 진실을 외면할 수 없고, 또 그 순간이 요구하는 정확한 행동을 마다할 수 없기 때문이다.

들뢰즈의 윤리성에 대한 질문과 답변

질문[19] : 발표자가 전하는 바에 따르면, 들뢰즈 윤리학의 모습은 아마 '긍정의 윤리학'일 것이다. '모든 것이 가치 있다'라는 그의 명제는 존재의 일의성과 동등성 테제에 맞게 가볍게 그리고 더 섬세하게 수정해

---

19) 이 부분의 '질문'은 2006년 해석학회 춘계학술발표회에서 발표한 이 글에 대해 윤성우 선생이 논평했던 것이다.

서 "모든 것은 일의적으로 그리고 동등하게 가치 있다"로 재정식화될지도 모른다. 보다 더 정확하게 표현해서, 모든 존재자는 무차별적으로 동등한 것이 아니라, 자신의 역량(puissance)을 서로 다르게 갖고 이를 실현시키되, 다만 그 역량이 할 수 있는 그 끝까지 나아간다는 점에서 동등하고 일의적일 수 있다는 것이다. 이 역량의 끝이 즉자적 차이 자체의 끝이기에, 이 역량과 차이의 현행화와 발현을 가로막는 것은 다 나쁘다. 아마 동일성과 일반성일 것이다. 도덕의 측면에서 보자면, 도덕의 허구성과 억압성은 그 도덕적 법칙성이 지닌 '일반성'이 이미 '구체적인 현실'의 질문에 답할 수 없다는 점에서 극명하게 드러난다고 발표자는 말한다.

    이런 정황은 칸트에 앞서 소크라테스가 저잣거리의 시민들과 소피스트들에게 물었던 질문들에서, 하지만 정반대의 방식으로 선취되었던 것이다. 다시 말해 그때는 보기 좋게 소크라테스가 승리했겠지만 지금은 아니라는 것이 좀 다르다. 그는 선함이란 무엇인가, **정의로움**이란 무엇인가를 물음으로써 본질과 일반성을 추구하는 서양 철학사의 물음 틀을 짰던 사람이다. 하지만 들뢰즈의 입장에서는 그의 승리는 정말 보배로운 것이 아니다. 왜냐하면 오히려 탈본질적이고 탈일반적인 물음의 방식이 더 중요하기 때문이다. 즉, **무엇이**(또는 누가) 선하고 **무엇이**(또는 누가) 정의로운가라고 물어야 한다는 것이다. 좋은 것이 먼저 있어서 그것을 욕망하는 것이 아니라, (내가) 욕망하기 때문에 그것이 좋은 것이라고 말한 어떤 철학자와 매우 닮은 꼴이다. 결국, 소크라테스의 '무엇'은 일반성과 본질, 법칙에 해당하는 것이라면 들뢰즈의 '무엇'은 '특이한 것'이자 오히려 일반성을 추상적으로 만들어 버리는 탈주적인 것이자 위반적인 것이자 예외적인 것이다. 그래서 들뢰즈에게서 차이 또는 (즉자적으로) 차이나는 것이 보편적이고 1차적이지, 동일성과 일반적인 것은 2차적이며, 오히려 후자는 전자에 의존한다. 어쨌든 이런 물음(방식)의 전도와 전복이 가져다주게 될 대차대조표가 얼마나 생산적이고 유익한지를 꼼꼼하게 따져보고 평가하는 작업은 논평자의 능력과 범위를 벗어난다.

답변: '모든 것이 가치 있다', '모든 것이 허용된다'는 언명은 공부하는 사람으로서나 가르치는 사람으로서의 나를 참으로 많이 괴롭혔다. 이것은 과연 무슨 뜻인가? 논평자는 '모든 것'을 '각 존재자들'로 본 것 같다. 그것도 옳을 것이다. 각 존재자들은 그 존재의 즉자성을 마음껏 펼칠 능력이 있으며, 그 즉자성은 정도나 강도에 의해 다를 뿐 모든 것이 가치 있다. 이런 식으로 논의를 펼친다면, 이 언명은 존재자들 사이의 평등을 뜻하게 될 것이다. 그리고 그 존재자들은 자신의 능력을 최대한 발휘하는 만남을 조직하는 것이 그 존재자에게 선이다. 이는 정확히 스피노자의 철학이다. 스피노자를 철학자들 가운데 왕자라고 부른 들뢰즈의 철학이 그의 모습을 띤다는 것은 자연스럽다.

그런데 이럴 경우는 어떤가? 도스도예프스키의 『카라마조프 가의 형제들』에 나오는 이반은 이렇게 말했다. "신이 죽었다면 모든 것이 가능하다." 이때의 모든 것은 무엇일까? 신이 존재하는 한, 우리의 목적은 정해져 있다. 그러므로 우리에게 모든 것이 가능하지 않다. 이때에는 '모든 것'을 '모든 사건'이나 '모든 행동'이라고 봐야 할 것이다. 할 수 있는 일과 할 수 없는 일, 해야 하는 일과 하면 안 되는 일이 정해져 있다. 이로부터 선과 악이 결정되기 때문에 이러한 입장은 도덕적으로 편리한 입지를 차지하게 된다. 그런 의미에서 도덕 영역에 신을 요청하는 것은 필연적일 수 있다. 이때의 신은 감시자로서의 신이 아니라 도덕 근거로서의 신이다. 그리고 이 신은 구분하고 분별하는 역할을 맡는다. 구별하고 분별하는 기준이 되는 신이 죽었다면 어떻게 되는 것인가? 아무 행동이나 해도 된다는 뜻인가? 아마 서구인들은 이런 식으로 생각했던 것 같다. 표상에 입각한 형이상학, 선과 악을 나누는 기독교적인 신을 배경으로 하는 서양에서 이런 식으로밖에 생각할 수 없는 것은 어찌 보면 당연한 일이다. 나도 역시 이 틀에서 많이 헤맸다. 그리고 이 언명이 이 틀이 아닌 다른 틀에서 설명되어야 할지라도 이 틀에서조차 설명 가능해야 한다고 생각했다. 이에 대해서는 다시 이야기해 보도록 하자.

그런데 만약 이 언명이 동양 철학의 틀 안에서 이해된다면 과연 위와 같은 도덕적 무정부주의를 말하는 것으로 받아들여질까? 서양 철학의 근거인 이데아나 신은 '하나'로부터 시작하는 특징이 있는 반면, 동양 철학의 근거인 도(道)나 태극(太極)과 같은 것은 '무'(無)로부터 시작하는 특징이 있다. 그래서 서양 철학의 감각 세계는 이 '하나'를 모방하는 것으로 생산된다. 그리하여 잘 모방하면 선이고 잘못 모방하면 악이 되는 세계관이 확립된다. 동양 철학에서는 '무'가 세계의 원천이 된다. 이때의 무는 서양에서 생각하는 숫자 0이 아니고, 이는 우리 문화권에서는 잘 알려진 개념이다. 그것은 아직 하나로 모양이 잡히지는 않았지만, 그 하나를 가능하게 하는 근거로서의 무이다. 그래서 그 무로부터 하나가 생기고 하나로부터 둘이 생긴다. 이질적인 것의 생산이다. 서양의 하나는 매우 '현실태적'이고, 동양의 무는 매우 '잠재태적'이다. 이 잠재태적인 것(virtuel)으로서의 무, 모든 것이 이로부터 가능한 그 원천으로서의 무, 관계와 배치의 가능성이 무한하여 아직 하나로 정해지지 않았다는 뜻에서의 무, 이것이 바로 '차이 그 자체'의 의미이다. 그러므로 들뢰즈는 참으로 동양 철학적인 사유를 한 것이다. 그러므로 그가 "모든 것이 가능하다", "모든 것이 허용된다"고 말할 때의 그 '모든 것'은 이 세계에 발생될 수 있는 사건이나 존재의 모든 것을 뜻할 것이고, 동일자가 개입하지 않은 차이 그 자체는 정말로 모든 것을 생산한다고 말한 것이다.

그런데 학생들을 가르칠 때 이런 식의 언명에 부딪히면 그들은 항상 이런 질문을 한다. "선생님, 그렇다면 내가 손해나 상처를 입었을 때 복수해도 좋다는 뜻인가요?", "선생님, 그렇다면 암에 걸렸을 때도 모든 것을 할 수 있다는 뜻인가요?" 학생들이 궁금해한 것은 금지된 일을 해도 되는지, 학생들의 마음속에는 이미 해서는 안 되는 일이라고 알려진 것들을 해도 되는지 묻는 것이다. 『카라마조프 가의 형제들』의 이반과 같은 질문이고, 매우 서양적인 그리고 도덕적인, 현실태적인 질문이다. 이 질문에 대답하기 위해 잠재태의 수준으로 넘어가 보자. 거기에서는 어떤 일들이 벌어지고 있을까? '내가 손해나 상처를 입었을 때', 그 상황에 처한 나를 상상해 보자. 아직 아무 일도 일어나지 않은 상태, 내 행동을 내가 결심하지 않은 상태, 그 상태가 내 모든 가능한 행동들의 원천이 되는 상태이다. 나는 복수를 하기로 결심할 수도 있지만, 오히려 복수를 하지 않기로 결심할 수도 있다. 또는 내가 해야 할 결심은 복수라는 동일자를 두고 할 것이냐 하지 않을 것이냐의 선택이 문제가 아닐 수도 있다. 나는 정말 무엇이든지 할 수 있다. 손해나 상처를 준 그 대상을 내 삶에서 추출해 낼 수도 있고, 그 대상을 배제하지 않은 상태에서 그 손해나 상처와는 전혀 관련이 없는 다른 일을 할 수도 있다. 그야말로 모든 것이 가능하고 허용된 것이다. 왜 우리는 우리의 인생을 우리의 시간을 나의 상처와 상대의 잘못과 복수라는 생각으로 가득 채우고 있는가? 오히려 그 모든 구분과 분별에서 벗어난 다른 무한한 가능성들이 열려 있는 것이다. '모든 것이 가능하다' 는 것은 이런 차원에서 이해되어야 할 것이다.

이렇게 설명하면 학생들은 또 이렇게 묻는다. "그렇다면 선생님, 내가 어떤 상처를 입든, 상대가 어떤 잘못을 하든, 이 세상에 어떤 부정의가 있든, 그것을 잊거나 용서하거나 무시하라는 건가요?" 이렇게 묻는 것도 무리는 아니다. 그러나 생각을 해보자. 사유한다는 것은 그렇게 쉬운 것이 아니고, 누구나 하는 것이 아니다. 매우 애를 써서 문제에 집중하고 그 문제의 깊이로 또한 그 넓이로 가능한 한(우리가 인간이기 때문에 붙는 수식어) 무한히 가 보는 것이 사유이다. 들뢰즈가 과연 우리가 상처에 대해 물었을 때 이를 잊으라고, 용서하라고 말했겠는가? 상처와 잘못, 그리고 고통과 복수, 부정의와 정의, 이 모든 것들이 어떤 상황에서 어떤 경로로 왜 일어났는가를 생각해 보자. 그러면 과연 그 상황에서 우리가 깨달아야 할 것이 무엇인지, 그 상황이 우리에게 시사하는 의미는 무엇인지, 나로서는 어떤 행동을 하는 것이 전체의 정의를 위해 가장 적절한 것인지, 그러한 생각들이 떠오를 것이다. 이것이 도덕적 무정부주의인가? '모든 것이 가능하다' 는 언명은 도덕적 무정부주의에서 가능한 한 가장 먼, 가장 엄밀한 윤리일 것이다.

질문 : 그렇다면 들뢰즈에게서 ─ 적어도 윤리의 측면에서 ─ 사유되지 않은 것 또는 결여되어 있는 것은 없는가? 또는 그 자체로서 충분한 윤리일 수 있는가?

발표자에 따르면 들뢰즈에게서 '진정한 윤리'의 토대는 동일성을 따르는 (표상적) 의식도 아니고, 비자발적 기억의 담지자인 무의식도 아니고, 오히려 "순수 흐름으로서의, 비인칭적이고, 내재적인 면"이다. 이런 점에서 들뢰즈는 내재성에 기반을 둔 일원론자인데, 더 중요한 것은 이 내재성의 면이 개별 존재자의 밖에 존재하거나 초월적으로 자리를 점유하는 것이 아니라, 자신을 아낌없이, 잔여 없이 표현한다는 점이다. 그래서 마치 세계는, 다음의 수학적 기호와도 같이 'n(존재자들)-1(일자/신/초월자)'로 기술된다. 스피노자를 꼭 닮은 존재론이다. 그런데 전통적으로 실체는 이런저런 속성들의 담지자로, 주어는 이런 저런 술어의 담지자, 주체는 이럴 수도 있고 저럴 수도 있는 행위나 자유의지의 담지자로 이해되어 왔다. 다시 말해 실체/주어/주체는 현실태적으로 드러나지 않은 잔여와 가능성을 담지한다는 것이다. 적어도 윤리나 도덕의 측면에서, '다르게 행위를 할 수 있는 가능성', '할 수 있었지만 하지 않은 가능성'으로 인해, 우리는 처절하게 **후회**하고, 자기 자신을 포함해서 타자를 가혹하게 **비난**한다. 베르그송은 이미 이것을 '회고적 환상'(illusion rétrospective)에 불과하다고 비판한 적이 있다. 바로 이 지점에서 들뢰즈는 스피노자, 니체, 베르그송과 같은 노선에 서 있다.

하지만 과연 우리가 어떤 행위의 그 순간에 결코 실재하지 않았던 능력이나 힘 또는 가능성을 사후의 회고나 반추를 통해 부당하게, 발명하고 창조해 내기라도 한단 말인가? 실제로 사용되지 않았던 가능성이라는 관념은 과연 노예적 도덕관념인가? 오히려 아무렇게나 허비되고 날려 버린 이런 가능성이야말로 **뼈저린 후회와 비난**, 심지어 **양심의 가책**을 불러일으키는 **인간학적 토대나 근거**가 아닌가? 오히려 그것은 자유(의지)론이 결정론과 벌였던, 때로는 정당하기도 하고, 때로는 부당하기도 한 오랜 논쟁의 한 성과물이 아니던가?

답변 : 아마 이런 논평은, 들뢰즈와 리쾨르 등의 철학자들이 같은 세계의 다른 'geography'(지리학)를 생각하고 있기 때문에 나오는 논평이 아닐까 싶다. 들뢰즈와 같은 존재론자와 리쾨르와 같은 인간학자. 우주에는 인간이 살고 있는데, 우주가 근본일까, 인간이 근본일까? 이 문제에 대한 입장 차이가 아닐까? 들뢰즈는 우주와 존재에 대해 생각하는 것이고, 리쾨르는 인간과 인간 세계에 대해 생각하는 것이다. 들뢰즈가 내재성이란 우주 존재에 대해 말할 때, 리쾨르 같은 인간학자는 이 존재론은 인간에게 별 소용이 없다고 말할 것이고, 리쾨르가 인간 세계에 대해 말할 때, 들뢰즈는 인간은 우주를 자기 마음대로 구성한다고 불만을 토로할 것이다.

하시 않았기 때문에 후회할 수도 있는 일을 후회되지 않도록 그 순간 해야만 한다는 것이 들뢰즈의 입장이다. 리쾨르라면 그런 능력이 인간에게는 없다고 말할 것이다. 논평대로 들뢰즈에게 있어서는 모든 것이 다 드러나 있기 때문에 인간이 보지 못할 뿐 모든 것이 가능했다. 그러니까 그것을 보기 위해 비인칭적 의식이 필요하다고 말한 것이 아니었던가? 이 의식은 우주와 동일한 의식이다. 그러므로 인간이 영원히

이 의식을 가질 수는 없고, 순간적으로 가졌다가 잃고 가졌다가 잃을 수밖에 없다. 그렇다면 후회와 비난은 인간의 조건일까? 비인칭적 의식이 비인간적이기 때문에 인간에게는 허구적이고 억압적인 도덕이 필요했을지도 모르겠다. 필요악으로 말이다. 그러나 비인칭적 의식을 갖는 것이 '불가능'하다 할지라도 도덕은 필요악이며, 도덕으로 해결되지 않는 개별적인 존재와 사건들이 존재한다는 것, 그리고 그들이 숨막혀하며 혹은 최악의 경우 도덕에 의해 착취당하고 있을 수도 있다는 점은 반드시 깨달아야 할 것이다.

질문 : 들뢰즈는 존재론적 측면에서, 헤겔이 지양의 종합작용의 제물로 삼았던 부정이나 모순의 진정한 자리나 지위를 좀처럼 인정하지 않는다. 들뢰즈가 보기에는, 차이 개념이 헤겔에게서 대립과 부정, 심지어는 모순과 상관관계 하에 놓인다. 그의 눈에는, 헤겔적인 차이는 동일성을 놓지 않고 팽팽하게 쥐고 있기에 아무리 멀리 나아가도 결국 동일성으로 되돌아오고 마는 형국을 가진다. 하지만 들뢰즈와 반대의 입장에서 보자면, 특히 윤리나 도덕의 측면에서, 세계는 부정적인 것이나 모순적인 것, 심지어는 지양 활동이 필요 없을 만큼 괜찮고, 살 만하며, 희망을 가지면 기대해도 좋은가? 그렇다고 해서 니힐리즘으로 경도될 필요는 없지만, 세계에는 되돌릴 수 없을 만큼 많은 악(le mal)이, 회복 불가능한 만큼의 악이, 심지어는 용서할 수 없을 정도의 악이 현존하는 것이 아닌가? 그 현존이 적어도 인간의 조건이라고 말할 수는 없어도, 그 인간이 몸담고 있는 세계의 조건을 이루고 있는 것이 아닌가? 선에 대비되는 용어인 악이라는 용어 대신에 나쁨(le mauvais)이라고 해도

사정이 그렇게 달라지는가? 논평자에게는 이 물음은 차이나는 것들, 특이한 것들 사이에 어떤 조화나 어울림, 공명이 있는지의 물음만큼이나 궁금하다.

답변 : 논평자와 마찬가지로 나도 이 악에 대해 많이 생각해 봤다. '되돌릴 수 없을 만큼 많은 악, 회복 불가능한 악, 도저히 용서할 수 없는 악'에 대해서. 그렇다고 여겨지는 것들이 있다. 이를테면 전쟁이 그런 것들이 아닐까? 아무리 '악'이라는 것이 '선'에 대하여 발생하는 개념이기 때문에 선이라는 것에 대해 규정하지 않는 한 악은 없다고 말할 수 있다 하더라도, 이 세계에 널린 악행들을 어찌할 것인가? 이러한 것들에 대해서도 그저 차이나는 것이라고 말할 수 있을 것인가? 조금 동떨어져 보이지만 다음 예를 보자. 아이를 키우는 부모가 아이를 키우면서 하지 말아야 하는 대화 유형이다.[20]

순지 : 엄마! 머리가 엉망이야. 너무 짧게 잘랐어. 창피해서 학교에도 못 가겠어!
어머니 1 : 너는 머리 자르고 들어오면서 한 번도 기분 좋을 때가 없더라. 만날 투정이야, 투정. (비난하기)
어머니 2 : 공부도 못하면서 그만 한 일로 학교도 못 가? 바보같이 미장원에선 끽소리도 못하고 어디서 짜증이야. (욕하기)
어머니 3 : 비싼 돈 주고 미장원에서 자르고도 불만이 많으면 다음엔

---

20) 이민정, 『이 시대를 사는 따뜻한 부모들의 이야기』 1권, 김영사, 1995, 24~28쪽.

내가 집에서 아무렇게나 막 자를 거야. (위협)

어머니 4 : 이왕에 자른 머리, 짜증 내지 마라. (명령)

어머니 5 : 그만 한 일에 신경 쓸 때가 아니잖아. 너는 고등학생이야. 그런 일은 신경 쓰지 말고 열심히 공부할 생각을 해야지. (훈계)

어머니 6 : 머리에 신경 쓰다가 기말고사 망치기만 해봐라. 이번엔 아빠한테 얘기해서 혼내도록 할 테니까. (경고)

어머니 7 : 그렇게 사소한 일로 짜증 내다니, 엄마가 빨리 늙는 걸 보고 싶니? 너도 애 낳아서 키워 보면 알게 될 거야. 이 엄마의 마음을. (고통과 헌신을 나타내는 말)

어머니 8 : 네 동생 좀 봐. 그만 한 일로 화내나. 넌 언제쯤 동생의 절반이라도 닮겠니. (비교)

어머니 9 : 머리 잘 깎고 오면 학교에서 상이라도 주니? 그래, 계속 머리 타령만 하고 있어라. 모든 일이 다 해결될 테니까. (빈정거림)

어머니 10 : 네 앞날이 훤히 보인다. 시집가서도 그렇게 불평만 늘어놓다가 쫓겨나는 꼴이 보인다, 보여. (예언)

마음에 들지 않은 머리 모양 때문에 짜증을 내는 딸이 어머니에게 투정을 할 때는 어머니로부터 위와 같은 말을 듣기 위해서가 아니다. "무거운 마음을 편하게 바꾸고 싶어 어머니의 도움을 요청한" 딸이 위와 같은 말을 들으면 그 마음은 더욱 답답해지고 어머니와는 더 이상 대화하고 싶지 않게 될 것이다. 이 책의 저자는 그리하여 다음과 같은 방법을 제안한다. 개념화하면 '공감'이다.

순지 : 엄마! 머리를 너무 짧게 잘라서 엉망이야. 창피해서 학교에도 못 가겠어.

어머니 : 저런! 머리가 네 맘에 들지 않아서 속이 상했구나. 그런 모습을 다른 사람에게 보이기도 싫을 테고.

순지 : 그래요, 엄마. 내일 학교에 어떻게 가지?

어머니 : 그래, 내일 학교 갈 일이 걱정이구나.

순지 : (잠시 침묵 후, 조용히 웃으며) 가끔 길에서 초등학교 때 짝했던 남자애를 만나기도 하는데.

어머니 : 저런! 그래서 신경이 더 쓰였구나. 그럼 어떡하지.

순지 : (머뭇거리다가) 할 수 없지 뭐. 며칠 동안 아침 일찍 학교 가는 수밖에.

앞의 대화와 뒤의 대화의 차이는, 앞의 대화에서는 어머니가 **자기의 필요**나 감정 또는 신념에 바탕을 두고 말을 하는 반면 뒤의 대화에서는 어머니가 우선 **딸의 마음**을 헤아려 주는 데 집중하고 있다는 것이다. 앞의 대화를 하듯 딸을 사랑한다는 것은 사실상 딸을 사랑하는 것이 아니라, 자기를 사랑하는 데 불과한 일이다. 적어도 뒤의 대화를 하듯 해야 사랑의 출발점에 서 있는 것이리라. 저자는 이후로 공감을 토대로 대화할 때 얼마나 많은 작은 기적들이 일어나는지를 전해 주고 있다. 그럴 것이라는 것에 충분히 동의할 수 있다. 그러므로 '공감'은 자녀를 양육하는 데 하나의 원칙이 될 수 있을 것이다.

그런데 만약 공감으로도 조화를 이룰 수 없는 자녀가 있다면 어떻게 되는가? 앞의 예시에서, 그리고 저자가 제시하고 있는 많은 예에서,

자녀들은 부모가 공감을 표시해 주면 스스로 알아서 문제를 해결해 나갔다. 그런데 그렇지 않은 아이들도 있다. 공감을 표현해 주면 더욱더 그 깊이를 알 수 없는 분노와 짜증 속으로 몰입되는 아이들이 있는 것이다. 이는 경험적으로 관찰된 일이다. 그럴 경우, 저자의 '공감' 원칙이 원칙으로서의 힘을 잃을 뿐만 아니라—물론 나는 이 책의 저자가 전하는 메시지조차 마음에 품고 있지 않은 부모가 있다는 것을 알고 있으며, 또한 이 메시지가 상당히 일반적으로 적용될 수 있는 원칙의 자격이 있다는 것과 또한 이 메시지가 매우 중요하다는 것을 부인하려는 것이 아니다—, 그런 자녀를 가진 부모나 그런 학생을 지도하는 선생님의 경우 이러한 지속적인 고통 속에 던져지게 된다면 그들에게 이 아이는 참 '나쁜' 존재이지 않겠는가? '나쁘다' 라는 것은 그렇게 시작된 개념이 아닌가? 모든 관계와 만남 속에서 나를 고통스럽게 하고 내 존재의 힘을 잠식하는 상대는 나에게 나쁘다. 나는 그 상대를 이해하기 위해 최선을 다하고 상대에게 공감하고 도우려 하나 전혀 따라 주지 않을 뿐만 아니라 나에게 해를 끼친다. 그런 경우 그 상대는 나에게 나쁜 존재이다. 그 나쁨이 일반화되는 것이 '악' 이다. 전쟁은 전쟁을 겪는 대부분의 사람들에게 나쁘기 때문에 악이라 불릴 수 있을 것이다(물론 나는 지금 귀납적으로 말하고 있고, '악' 은 사실 이런 식으로 정의되지는 않는다).

　　스피노자는 내 존재의 힘을 증대시키는 존재를 나에게 있어서 좋은 존재라고 보고 내 존재의 힘을 감소시키는 존재를 나에게 있어 나쁜 존재라고 보면서 최대한의 이성을 활용하여 좋은 만남으로 내 삶을 운영하도록 우리에게 권유했다. 그것이 그의 행동학, 에티카일 것이다.

그러나 들뢰즈는 이 정도의 좋고 나쁨조차 말하지 않았다. 스피노자에 대한 연구서에는 당연히 좋음과 나쁨이 등장하지만 들뢰즈 자신의 철학에서는 선악은 물론이거니와 좋음과 나쁨조차 언급하지 않는다. 들뢰즈는 스피노자보다도 훨씬 더 나아가는 것 같다(-같다: 왜냐하면 그는 윤리학을 쓰지는 않았기 때문이다). 나에게 '나빠 보이는' 존재나 사건도 '의미가 있다'고 보는 것 같다. 의미를 보는 것이다. 의미는 의미일 뿐 좋거나 나쁜 것이 아니다. 자, 다시 보자. 공감해 줘도 지도하기 어려운 자녀, 아무리 이해하려 해도 이해가 안 되는 나쁜 사람들(혹은 공공의 적), 이들의 이러한 '나빠 보임'에도 다 이유가 있다. 우리의 지성이 다 파악하지 못할 뿐, 필요충분한 이유를 가지고 있다. 이것을 봐야 하는 것이다. 그러면 어떻겠는가? 오히려 고통을 해소시킬 단서를 발견하지 않겠는가?

내가 말하고 싶은 것은 이것이다. 어떠어떠한 대상이나 사건을 악이나 나쁨으로 규정하는 것은 쉬운 일이다. 그리고 나서 우리는 무엇을 하는가? 대상을 가르치거나 교화하거나 벌하거나 가두거나 체벌하지 않는가? 들뢰즈가 나쁨이나 악에 대해 규정하는 것을 억압적으로 봤다고 해서 그가 악이나 나쁨으로 인해 유발된다고 사람들이 말하는 그 고통을 모르지 않았을 것이다. 그가 설마 고통을 몰랐을 거라고 말하고 싶은가? 그에게 중요했던 것은 악이나 나쁨을 규정하고 교화 처벌하는 것이 아니라, 그들을 이해하는 것이었을 것이다. 선악, 좋음/나쁨, 정상/비정상을 나누고 어느 한편에 자리 잡는 것이 아니라, 그 모든 것을 의미로 포괄하여(물론 대립구도를 이루지 않는 무의미와 함께) 존재로 보려는 것이었다. 의미를 알면 도와주기가 훨씬 쉽다. 그가 왜 나쁜지, 돌이킬 수 없어 보이는 혹은 용서할 수 없는 악이 왜 존재하게 됐는지, 알면 풀기 쉬운 것이다. 풀면 되는데 왜 억압하는가? 이유는 두 가지다. 첫째, 사유하는 것이 극도의 힘을 요구하기 때문에—즉, 우리가 나약하여. 둘째, 정치적인 이유로. 악을 규정해야 자기의 기득권을 지킬 수 있기 때문에. 후자의 정치적인 이유가 없다면 악이나 나쁨을 규정할 것이 아니라 사유하자.

질문 : 발표자에 따르면, 도덕적 원칙이나 법칙에 근거한 도덕 및 윤리 담론은 "너무 헐거운 일반성에 근거한" 담론이 될 터이다. 반면 "각 사건, 각 존재, 각 삶이 가지는 유일무이한, 비표상적 의미를 각 순간 간파한다면 바로 그 사건이 요구하는 가장 정확한 행동이 무엇인지 그때 판단"하게 하는 윤리가 들뢰즈가 지향하는 윤리 또는 그에게서 기대되는 윤리라는 것이다. 하지만 당위나 정언명령이라는 소위 "일반적" 원리에 입각한 도덕이 가지는 메타적 성질이나 메타적인 정도와 특이성 (또는 특이한 것)의 윤리가 지니게 될 수밖에 없는 메타적 정도 사이에 과연 그렇게 뚜렷한 차별성이 있는지 궁금하다. 들뢰즈의 특이성의 윤리가 아무리 구체적이고 개별적인, 그래서 반(反) 일반적인 윤리, 반(反) 원리적인 윤리—발표자는 이를 "무원칙의 원칙"이라 부르는데—를 지향한다고 해도, 그것이 하나의 담론/이론인 한 불가피하게 메타적인 것이다. 따라서 특이성의 윤리에 대한 학습과 공부가 구체적인 삶의 상황과 조건에서 아리스토텔레스적인 실천적인 지혜(프로네시스; phronesis)를 찾는 수고로움과 인내를 모면하게 할지 잘 모르겠다.

답변 : 이러한 질문을 받으면서 문득 의아한 점이 있었다. 그것은 고전적인 철학과 그로부터 정립된 도덕에 비해, 들뢰즈가 여타 현대 철학과 그로부터 정립될 수 있는 윤리가 어떤 점에서 '수고'와 '인내' 등의 애씀과 관계가 없을 것이라는 선입견을 주는지에 대한 것이다. 이 점은 강의를 진행하면서 항상 강조하는 점이기도 한데, 소위 미국을 통해 들어왔다는 포스트모더니즘과 현대 프랑스 철학이 혼동되면서, 이 현대라는 것이 아무 고뇌도 없고 근거도 없이 물풀처럼 흔들리는 것이라고 여겨지는데, 이는 오해이다. 현대 철학은 고전 철학과 마찬가지의 사유의 깊이와 고뇌의 무게를 가지는 존재론이자 형이상학이다. 들뢰즈로부터 유출할 수 있는 이 윤리라는 것은 고전 철학자들의 그 고뇌와 인내와 수고로움을 결코 없애지도 없앨 의도도 없는 것이다. 이 윤리는 오히려 지금껏 우리에게 습관처럼 몸에 붙어 있던 일반화된 도덕률의 갑옷을 깨는 고통을 선사할 것이다. 구체적인 매 사건의 현장으로부터 이런 일반화된 도덕 질문이나 도덕률이 얼마나 먼지, 구체적인 문제를 해결하는 데 얼마나 도움이 되지 않는지를 깨달아야 한다. 그 이후에는 그동안 믿어 의심치 않았던 의식작용이나 무의식에 대한 의존을 벗어 버려야 하는데, 이것은 말처럼 쉬운 일이 아니라 처음에는 어느 정도 의식적 노력이 필요한 일이다(의식적 지각으로부터 벗어나기 위한 의식적 노력!). 자아와 의식적 지각을 벗어 버리는 것은 쉽지 않은 일이다. 고통과 노력과 지속적인 수련을 필요로 하는 일이다.

5_ 해학과 아이러니 : 들뢰즈, 웃음, 도가

철학함의 출발점, 사회적 배경, 사유를 전개하는 방법 등 서양과 동양은 서로 공약 불가능한 여러 차이점들을 가지고 있다. 신과 주체 등 서양 철학에 있어서 가장 근본적이라 할 만한 여러 개념들이 동양 철학에는 존재하지 않는다는 점도 그 중 하나이다. 그럼에도 불구하고 이 두 세계 사이에 한 가지 공통된 점을 발견할 수 있으니, 그것은 철학의 두 흐름이 언제나 경쟁 상태에 있었다는 점이다. 서양 철학에서는 고대, 중세, 근대, 현대 등 각 시기에 고유한 여러 대적자들이 있었다. 그 가운데 두 가지 주요한 경쟁적 흐름을 꼽자면, 들뢰즈의 정의에 따라, 동일성의 흐름과 차이의 흐름이 있었다고 할 수 있다. 한편에는 플라톤/헤겔의 철학사가 있고, 다른 한편에는 니체/들뢰즈의 철학사가 있다. 동양 철학에서는 보통 유가와 도가를 두 가지 경쟁적 흐름으로 본다. 그리고 이 사상의 전쟁에서 플라톤 철학과 유가 철학이 각각 승리자로 여겨진다. 이들 사상은 정통 철학으로서, 그리고 국가 종교로서, 국가 체제에 심대한 영향력을 행사했다. 유가는 처음부터 종교의 역할을 했고, 플라톤 철학은 기독교에 적용되어 이를 철학적으로 근거 지었다.

니체는 아마도 이렇게 물었을 것이다. 어떻게 "반응적 힘이 ……
승리하는가?"[1] 그리고 우리는 니체를 따라 다음과 같이 대답할 수 있
으리라: "약한 자들, 노예들은 그들의 힘을 더해 나가는 것으로 승리하
지 않고, 타자의 힘을 빼는 것으로 승리한다. 이들은 강자들을 그들이
할 수 있는 것으로부터 분리한다."[2] 플라톤 철학이 이러한 뺄셈을 주체
의 동일화로 실행했다면, 유가는 개인을 사회적 관계에 위치 지음으로
이를 실행했다고 말할 수 있다. 이들 사상은 이런 식으로, 즉 존재들을
개인성으로 동일화하면서, 혹은 사회적 관계 속에 위치 지음으로써, 존
재자들로 하여금 고립되게 만들고, 그들이 할 수 있는 것으로부터 분리
시켰고, 서로 소통할 수 없도록 했다고 볼 수 있다. 이런 맥락에서 들뢰
즈의 차이의 철학과 노자의 철학은 동일자의 법을 깨뜨리고, 그들 고유
의 긍정 체제를 정립하는 것이 과제였다 하겠다. 이런 식으로 우리는
서로 공약 불가능한 여러 요소를 담지하고 있는 두 세계의 철학을 연결
시킬 수 있는 몇 가지 지표들을 찾았다. 이러한 지표들에 근거하여, 우
리는 들뢰즈의 윤리를 연구하는 데 노자의 이름을 개입시킬 수 있는지
를 검토하고자 한다. 도가 윤리의 그림을 그려 내기 위해 우선 도가에
관련한 기존의 해석들을 훑어보아야 할 것이다. 그 이후에 이들 해석들
의 오류를 지적하고, 도가의 사유가 예술적 사유라는 가설을 세운 후,
이를 통해 들뢰즈-도가의 새로운 윤리를 근거 지을 계획이다.

---

1) 니체와 들뢰즈는 동일성의 체제를 반응적 힘의 결과로 본다(Deleuze, *Nietzsche et la philosophie*, PUF, 1977, p.26).
2) Ibid., p.26

도가에 대한 변증법적 해석의 오류

유가의 지명도에는 미치지 못하지만, 도가도 역시 세계적으로 알려져 있다. 하지만 과연 도가가 제대로 이해되고 있는지는 불분명하다. 특히 '무위'(無爲)라는 개념은 많은 이해의 어려움을 불러일으킨다. 노자에 대해 사람들은 습관적으로 다음과 같이 말한다. "공자가 조언하듯이 '잘 행동하는 것'이 문제가 아니라 오히려 '행동하지 않는 것'이 도가의 문제가 된다."[3] 도가의 이 개념이 불필요한 갈등을 피하도록 조언하는 동양의 지혜 정도로 여겨지는 것은 조금 나은 경우이고, 최악의 경우는 산으로 들어가 수도승 같은 삶을 영위하도록 조언하는 속세의 삶에 무관심한 사유로 이해된다. "공자에게 있어서는 지혜를 얻기 위해 세계에 현존하려는 노력을 찾을 수 있는 반면, 노자에게 있어서는 정반대로 우주의 신비한 법에 합일하기 위한 세계로부터의 도피를 찾을 수 있다."[4] 이러한 오해는 심지어 도가를 '이기적인' 사유로 간주하는 데에까지 나아간다. 막스 베버에게서 이런 예를 찾아볼 수 있다.

> 이 신비신학은 '이기주의' 이다. 실제로, 이 사유를 끝까지 밀고 나가면, 그것은 개인적 구원밖에는 겨냥할 것이 없으며, 타자에 대해서는 하나의 모범적인 양식으로서만 영향을 미칠 수 있을 뿐이다. 어떤 운동(propagande)이나 사회 활동을 통하여가 아니라 스스로 하나의 범

---

3) René Girault, *Les religions orientales: hindouisme, bouddhisme, taoïsme; nouvelles approches*, Plon/Mame, 1995, p.233.
4) Ibid., p.224.

례가 됨으로써. …… 이러한 요구는 결국 스스로에게 금욕적 결과에도 이를 수 없을 뿐만 아니라, 사회 윤리의 측면에서도 긍정적인 요구로 이어질 수 없다.[5]

막스 베버는 이런 식으로 도가의 윤리로서의 역할을 완전한 실패로 낙인찍었다. 사정이 이렇다면, 도가는 들뢰즈주의가 견지하고 있는 삶에 대한 긍정성과, 동일성으로서의 주체에 대한 부정성에 정반대되는 사유라 할 수 있을 것이다. 그러나 도가에 대한 이런 종류의 평가가 오해에 기인한 것이라면? 도가에 대한 다른 독해를 제안하는 우리에게 있어서 막스 베버 식의 이러한 평가는 반어적으로 유용하다. 왜냐하면 베버의 해석 안에는 변증법적 혹은 형이상학적이라 불리는 사유의 병리적인 정신현상을 발견할 수 있을 뿐만 아니라, 이로부터 도가에 대한 새로운 이해를 이끌어 낼 수 있기 때문이다.

무위라는 개념으로부터 시작하자. 무위를 속세의 삶으로부터의 도피로 이해하는 한, 이를 비정치적 태도로, 또한 삶의 부조리에 대한 모든 저항의 포기로 여기게 되는 것은 당연한 일이다. 서양인들만이 무위를 이런 식으로 이해하는 것은 아니다. 고대의 유가 철학자 중 하나인 순자(荀子)는 이미 노자에 대하여, 그가 능동적으로 살아가는 방법을 모르며, 그에게 행위의 이상적인 원칙은 무지와 유약함, 순종 그리고 굴복일 뿐이라고 비판한 바 있다. 르네 지로는 동양 사유의 이러한 대

---

5) Max Weber, *Confucianisme et taoïsme*, traduction par C. Colliot-Thélène et J.-P. Grossein, Gallimard, 2000, pp.255~256.

립을 다음과 같이 요약했다: "유가는 도가에 대하여 인간들의 사회에 대하여 마음 쓰지 않는다고 비난할 것이고, 도가는 유가에 대하여 그 분주함을, 사회적 관례에 대한 형식적인 집착을 비난할 것이다."[6] 그런데 도가에 대한 유가의 이러한 해석과 비난이 전혀 근거 없는 것은 아니다. 우리의 논의를 좀더 상세히 하기 위해 『도덕경』(道德經)의 한 부분을 인용해 보기로 하자.

> 대국은 **하류의 나라**(pay d'aval)로, 모든 것이 만나는 지점이며, 우주의 암컷이다.
> 암컷은 수컷을 그 고요함으로 이긴다. 고요하다는 것은 **스스로를 낮추는(겸손한**; s'abaisser) 것이다.
> 더 작은 나라 앞에서 **스스로를 낮추는** 대국은 작은 나라를 그에게로 이끈다.
> 마찬가지로 대국 앞에서 **굴복하는(스스로를 기울이는**; s'incliner) 소국은 스스로를 보호할 수 있게 된다.
> 이처럼 대국은 **스스로를 낮추면서** 받아들이게 되고, 소국은 **굴복하면서** 받아들여지게 된다.
> 대국은 사람들을 모으고 이들을 먹이기를 바랄 뿐이요,
> 소국은 대국과 연맹을 맺어 대국을 섬기기를 바랄 뿐이다.
> 물론 둘은 각자 원하는 것을 얻으나, 대국은 스스로를 **낮추어야 한다**.
> 〔大國者下流, 天下之交, 天下之牝, 牝常以靜勝牡, 以靜爲下, 故大國以下小國, 則取小國, 小國以下大國, 則取大國, 故或下以取, 或下而取, 大國不過欲兼畜人, 小國不過欲入事人, 夫兩者各得其所欲, 大者宜爲下.〕[7]

이 장(章)의 언설을 정치적인 것과 관련한 지혜로, 또한 대국과 소국을 실재로 존재하는 부유하고 영토가 넓은 나라와 저개발된 가난한 나라를 지칭하는 용어로 이해하지 않기란 어려워 보인다. 이런 식으로 해서 보통 이 장은 정치적인 격언으로 간주되고, 더 나아가서는 일상생활을 함에 있어 강자에 대한 굴복을 권유하는 금언으로 여겨지게 된다.

이 장의 주 용어는 보다시피 하(下)이다. 하의 본래 의미는 '아래' 또는 '낮음'인데, 여기에서는 그 쓰임새에 따라 '겸손하다'와 '굴복하다'로 달리 번역되었다. 불어 사전 『프티 로베르』(Le Petit Robert)에 따르면, '스스로를 낮추는'으로 번역된 s'abaisser는 '하위의 위치에 자리 잡음'을 의미하는 것으로 나와 있고, '스스로를 기울이는'으로 번역된 s'incliner는 '어떤 사람 앞에서 존경과 복종의 표시를 함, 상대의 우월함을 인정함, 정복되었다는 것을 인정함, 싸우거나 주장하기를 포기함'의 뜻을 갖는 것으로 나와 있다. 두 동사 모두 '아래'라는 최초의 의미를 가지고 있으나 그 의미는 사뭇 다르다. 한자로는 수적으로 하나인 '하'를, 두 가지 서로 다른 불어로 표현한 것은 단지 같은 동사의 반복을 피하려고 한 것이 아니며, '하'의 의미를 미세하지만 다른 것으로 표현하고자 했던 것으로 보인다. 그의 번역에 따르면 대국의 덕목은 그의 우월한 힘에도 불구하고 낮은 위치에 자리 잡는 것이고, 소국의 덕목은 대국에 대한 싸움을 포기하는 데 있다. 그러므로 '하'라는 덕목은

---

6) Girault, *Les religions orientales: hindouisme, bouddhisme, taoïsme; nouvelles approches*, p.234.

7) 서양(프랑스)에서 『도덕경』이 어떻게 번역되고 있는지를 소개하기 위해, 류키아화이가 번역한 불어본을 우리말로 다시 옮겼다. Lao-tseu, *Tao-tö king*, trans. Liou Kia-hway, Gallimard, 1967, chapitre 61. 강조는 인용자.

강자에게는 '겸손'으로, 약자에게는 '복종'으로 이해되고 있는 것이다. 번역자는 매우 논리적이었고, 이러한 번역은 완벽히 이해 가능하다. 이 텍스트가 이런 의미를 전달하려 한 것이라면, 유가나 베버의 비판은 정확하고, 또한 필요한 것이었다. 그러나 노자가 원했던 것이 이것이었을까? 그는 정말로 우리에게 이런 평범한 격언을 남겨 준 것일까?

우리는 이 텍스트를 번역한 중국인 철학자 류키아화이가 『도덕경』을 행(行)으로 나누어진 시(詩)로 번역했다는 사실에 주목하고자 한다.[8] 다시 말해서 『도덕경』은 시집일 수 있으며, 만일 그렇게 이해한다면 도가적 용어들은 시어(詩語)로 이해되어야 한다는 것, 이 용어들은 무한한 의미와 무의미를 담지하고 있는 하나의 기호로 다루어져야 한다는 것이다. 즉, 노자는 이 '하'라는 용어를 경우에 따라 몇 가지의 다른 뜻으로 사용하려 한 것이 아니었을 수 있다는 것이다. 대국이나 소국이나, 이들의 덕목은 단지 '하'일 뿐, '겸손'이나, '복종'이나, '굴복'의 뜻을 포함하고 있지 않을 수도 있다. 이러한 가능성은 심각하게 조작된 것으로 알려진 니체의 마지막 저작을 생각나게 한다. 니체에게 있어 '주인'이나 '강자'가 히틀러와 같은 정치적 강자를 지칭하고 있지 않은 것이 틀림없는 것과 마찬가지로,[9] 노자에게 있어서도 대국은 실제 부유하거나 발전된 나라를 가리키는 것이 아닐 수 있다. 베버 식의 독서는, 사물들을 논리적으로 이해 가능한 것으로 만들기 위해 이들을 변환

---

8) 『도덕경』은 본래 행으로 나누어져 있지 않으며, 앞선 61장은 류키아화이가 임의로 나눈 행들을 존중하여 옮겨졌다.
9) 들뢰즈의 작은 저서 『니체』를 보면, 니체를 오독하는 네 가지 위험에 대해 말하면서, 니체가 말하는 '강한 자' (les puissants)들을 "사회 체제 안에서 강한 자(les forts)로 믿는 것"을 경계한 바 있다(Deleuze, *Nietzsche*, PUF, 1965, p.41).

하고 때로는 왜곡하기도 하는 변증법적인 욕망에 기반한 것이다. 그러나 니체의 경우와 마찬가지로 노자의 경우에서도, 몇몇 용어들은 동일성의 논리와는 전혀 다른 어떤 독서 능력을 요구한다. 노자가 단번에 정의하기 어려운 이 '하'라는 용어를 적용시킨 방법은 이 용어의 극화[10]이다. 즉, 이 용어를 다른 개념들, 즉 '하류'(下流), '빈'(牡), '정'(靜) 등과의 연합을 통해 의미를 복수화하는 것이다. '하류'와 '암컷'과 '고요함'이라는 용어가 '굴복'이라는 의미를 표현하기 위해 선택되었을까? '하'가 '복종'을 의미한다면, '복종'이라는 중국어가 있음에도 불구하고 노자가 '복종'이라는 용어가 아닌 다른 단어를 사용한 충분한 이유가 있어야만 한다. 다시 말해서, 노자는 '하'라는 개념을 통해 불어로 번역된 그러한 가치들—복종, 겸손, 굴복 등—을 지시하고자 한 것이 아닐 수 있다는 것이다. 그러므로 이 텍스트는 변증법적으로 읽혀서는 안 된다. 시를 시로, 해석하지 않은 채 그대로 두든지—'굴복'이나 '복종'과 같은 부분적인 의미를 부여하지 말라는 의미에서—, '하'라는 개념의 전체(Tout)를 변증법과는 다른 이해의 방법으로 포착해야만 한다. 『도덕경』의 불어 번역자 류키아화이는 이를 시로 취했으나, 부분적인 의미들로 채움으로써 시를 진부하게 만들어 버렸다. 이는 단순히, 언제나 상당히 암시적인 언어인 한자를 지나치게 분석적인 서양어로 번역하는 데서 오는 어려움에서 비롯된 것은 아니다. 이러한 오류는 오히려 시를 변증법적으로 이해 가능한 단순한 지혜로 환원하거나, 이를

---

10) '극화'(dramatization)는 들뢰즈의 용어로 볼 수 있다. 『차이와 반복』의 반복에 관한 장에는 극(드라마)을 비극과 희극에 관련시켜, 그의 반복과 드라마를 연관 짓고 있고, 책의 후반부에는 드라마를 너머, 드라마화 또는 극화의 개념을 소개하고 있다.

신비적 사유로 정의하는 수용자(번역자로부터 독자에 이르기까지)의 정신 현상에서 비롯된 것이라고 볼 수 있다. 도가가 그토록 많은 오해를 양산하고 있다면, 그것은 아마도 부적당한 방식으로 이해되고 있기 때문이리라.

도는 그 자체로 유가의 전통적인 개념이다: 이는 우주와 그 전개의 영원한 질서에 관련된 것으로 — **변증법적으로 구조 지어지지 않은 모든 형이상학에 자주 등장하는 것**(identification)이다. 노자에게 있어 도는 신성한 것에 대한 탐구와 관련되며, 이는 **신비주의에 전형적인 것이다**: 도는 부동의 유일한 것으로, 결과적으로 그 가치는 절대적이다; …… 간단히 말해서 도는 결국 완전한 비-행위(non-activité)에 도달하기 위해 고유한 자아로부터 모든 세속적 이해관계와 열정을 제거하여 참여하기에 이르는 신성한 유일자(Unique divin)이다 — 이는 **정확히 모든 명상적 신비주의에 공통된 점이다**. …… 명상으로 얻을 수 있는 상태인 신성한 것과의 긴밀한 관계를 유지하려는 관심으로 노자는, **신비주의자들 대부분의 경우가 그렇듯이**, 종교적 구원의 원천으로서 세속적인 문화를 완전히 평가절하하기에 이르렀다.[11]

우리가 막스 베버의 이 긴 문단을 인용한 것은 도가에 대한 그의 평가를 문제 삼으려는 것이 아니다. 오히려 우리는 그의 정신 현상에 관심을 가지고 있다. 인용문 내에서 강조한 바와 같이, 베버는 도가가

---

11) Weber, *Confucianisme et taoïsme*, pp.252~253. 강조는 인용자.

신비주의적 사유라는 사실을 적절한 설명 없이 남용하고 있다. 그의 이러한 언급들이 별다른 증명 과정이 없기 때문에 적절하지 않다는 사실보다 더 흥미로운 것은, 이러한 문장 전개 과정이 도가에 대한 경멸과 원한으로 뒤섞인 어떤 정신적 콤플렉스를 보여 주는 것은 아닌가 하는 데에 있다. 이 문장들에는 변증론자로서의 우월감이 보이며, "변증법적으로 구조 지어지지 않은 모든 형이상학"에 대한 비하가 엿보인다. 경멸이라는 감정은 그 이면을 갖게 마련이다. 쉽게 포착되지 않는 사유에 대한 두려움이 그것이다. 즉, 그의 경멸적 태도는 그가 도를 이해하는 데 어려움을 겪고 있다는 고백에 다름 아닐지도 모른다는 것이다. 베버는 다음과 같이 말하고 있는 것인지도 모른다. "내가 너를 이해하지 못하는 것은 너 때문이야. 네가 네 생각을 변증법적으로 전개하지 않았기 때문에 내가 널 이해하지 못할 뿐이야." 이렇게, 도덕은 변증법과 관련되어 있다. "우리의 삶에는 기준이 필요하고, 우리는 우리의 삶을 이 기준에 의거하여 이해 가능하도록 영위해야 하며, 삶은 이 기준에 의거해 판단된다." 도덕과 변증법의 이러한 공모관계는 이미 들뢰즈가 지적한 바 있고, 이는 형이상학에 그 기원이 있다.

형이상학을 두 세계의 구분으로, 다시 말해서 본질과 현상, 참과 거짓, 가지적인 것과 감각적인 것 등의 구분으로 정의한다면, 형이상학을 발명한 것은 소크라테스라 말해야 할 것이다: 그는 삶을 판단되고 측정되어야 할 어떤 것으로 만들어 버렸다. …… 소크라테스와 더불어, 기꺼이 그리고 교묘하게도 복종적인, 그런 유형의 철학자가 나타난 것이다. …… 그리고 변증법이 이 요술을 이어 나가고 있다.[12]

놀랍게도, 이 텍스트에서 보았듯이, '복종'이라는 덕목은 도가에 그 연원을 두고 있는 것이 아니라, 오히려 소크라테스적 형이상학에, 그리고 베버가 도가에 부족하다고 했던 그 변증법에 기원을 두고 있다. 소크라테스의 형이상학에 '이상적인 것'(Idéal)——기준으로서——이 문제였다면, 변증법에는 '정신'(Esprit)이 문제인 것이다. 변증법은 상이한 것들을 동일화하기 위해 동일성부터 시작하는 사유이기 때문에, 도를 이해하는 데 있어서 도의 동일성(정체성)을 찾는 데서부터 시작해야만 했고, 도에 그 정체성이 없다는 것은 변증법을 포함하는 형이상학을 하는 사람들에게 있어 고통이었던 것이다. 그들에게는 불행하게도, "도가도비상도"(道可道非常道)라는 『도덕경』 제1장이 이미 말하고 있듯이, 도는 정의할 수 없는 것, 포착할 수 없는 것이다. 변증법적인 문체가 없다는 것, 같은 것과 다른 것의 구분, 간단히 말해, 동일성이 없다는 것이, 도가에 대한 오해와 독서의 오류를 강화한 것이라고 볼 수 있겠다.

희극적 윤리

그러면 어떻게 '도'에 접근해야 하는가? 변증법이 아니라면 어떤 방법이 있는가? 앞서 우리가 이미 암시한 대로, 우리는 『도덕경』이 '시'라는 생각을 전개해 보도록 하겠다. 즉, 도가는 '예술적 사유'인 것이다. 도가의 예술적 방법이 무엇인지를 구체화하기 위해, 학문과 지식에 대

---

12) Deleuze, *Nietzsche*, p.21.

한 도가적 비전을 검토해 보도록 하겠다. 왜냐하면 학문과 지식이야말로 전형적인 변증법적 영역이기 때문이다.

유가는 학문에 상당한 강조점을 두는 사유이다. 군자삼락(君子三樂) 가운데 하나가 바로 학문과 그의 익힘(또는 실행)에 있다는 것은 널리 알려진 사실이다. 유가와는 정반대로, 도가는 지식과 학문에 대하여 비판적인 태도를 견지하고 있다. 『도덕경』의 다음 장을 보자.

> 학문에 열중하는 자는
> 날이 갈수록 늘어나고(augmenter)
> 도에 몰두하는 자는
> 날이 갈수록 줄어든다(diminuer).
> 줄어들고 또 줄어들어
> 결국 더 이상 행동하지 않게 된다.
> 무위에 의해
> 되지 않은 일은 아무것도 없게 된다.
> 〔爲學日益, 爲道日損, 損之又損, 以至於無爲, 無爲而無不爲.〕[13]

도는 학문에 의해 도달할 수 없다는 것이 이 장의 핵심 내용이라 하겠다. 문제는 몇몇 표현에 있는데, 이를테면 '늘어나다'(益)와 '줄어들다'(損)와 같은 용어가 그것이다. 최근에 출판된 마르셀 콩슈의 해석은 다소 놀랍다. 그는 이 문장을 다음과 같이 번역했다. "학문에 열중하

---

13) Lao-tseu, *Tao-tö king*, trans. Liou Kia-hway, chapitre 48.

는 자는 날이 갈수록 진보하고(progresser), 도를 실행하는 자는 날이 갈수록 퇴보한다(régresser)."[14] '늘어나다' 와 '줄어들다' 와 같은 동사는 문법적으로 적절하지 않고, 말하려는 바가 불투명한 반면, '진보하다' 와 '퇴보하다' 의 동사는 문법적으로나 의미상 분명하고 논리적으로 정확하나, 이것은 도가적 가르침과는 정반대가 된다. 논리적으로 맞는 번역은 노자의 가르침이 아니고, 논리적으로 불분명한 번역은 설득력이 없다. 그러면 어떻게 이해해야 하는가? '늘어나다' 와 '줄어들다' 에 임의로 목적어를 할당해 보자: 학문에 열중하면 해야 할 일은 날마다 늘어나고, 도에 열중하면 해야 할 일이 날마다 줄어든다. 이것이 보통 도가가 제안하는 윤리로 받아들여진다. 논리적 이해 가능성과 동일성을 출발점으로 한 지식에 기반을 둔 도덕은 우리에게 의무의 짐만을 부여한다: '이것을 해야만 한다.' 학문으로 인해 늘어나는 것은 의무이다. 그러나 의무적 행위로 인해 도에 도달할 수는 없다. 왜냐하면 이는 언제나 하나로부터 시작하고 다른 하나(의 의무)를 덧붙이는 식으로 진행하기 때문이다(변증법). 그러나 도에 힘쓰면 '하지 않아도, 되지 않은 일이 없게' 되는 것이다. 이런 말은 하기는 쉬우나 받아들여지기 어렵다. '변증법적으로' 전혀 설득력이 없는 것이다. 가장 변증법적인 영역인 학문과 지식에 대한 도가의 이러한 입장을 바탕으로, 이제 '변증법적으로' 말이 되지 않는 이 도가적 윤리를 어떻게 이해하고 또한 이해시켜야 하는지 방법을 발견해야 한다. 여기에서 우리는 노자의 반어적

---

14) Lao-tseu, *Tao te king*, traduit et commenté par Marcel Conche, PUF, 2003, p.263, chapitre 48.

이고(ironique) 해학적인(humoristique) 면모를 포착해 볼 것을 제안한다. 즉, 이런 식이다.

첫번째 언설 : 학문에 열중하다.
두번째 언설 : [모든 것을 다 할 수는 없는 채로] 해야 할 일이 늘어나다.
첫번째 언설 : 아무것도 하지 않다.
두번째 언설 : 되지 않은 것이 없다.

이런 식의 조합은 논리적이지 않기 때문에 우리를 오해로 이끌기 쉽고, 또한 이를 '신비주의'로 치부하도록 한다. 두 차이들(différents)이 아무 공통 기준(identité) 없이 긍정되는 조합이다. 정반대되는 것이 모두 긍정된다. 우리가 앞으로 희극적[⊂예술적]이라 정의할, 이런 도가적 문체는 변증법과는 '다른' 또 하나의 표현 양상일 뿐이다. 이런 표현과 사유에 '아이러니'와 '해학'이라는 표현 방식을 할당하고, 이를 '희극적·예술적'이라 칭한다면, 우리는 더 이상 도가를 변증법적 사유가 부족한 신비주의적 사유라고 폄하할 수 없을 것이다.

논리적 모순에 부딪히지 않고 도가를 완벽히 이해 가능한 것으로 바꾸어 놓을 이 '아이러니'와 '해학'은 들뢰즈의 철학에서 끌어낸 것이다. 그러므로 이러한 도가 해석은 고전적이지도 정통적이지도 않으며, 전적으로 들뢰즈적이라 할 수 있다. 이 기회에 우리는 이를 희극적 윤리라 부르고자 한다. 아이러니와 해학에 근거를 두고 차이의 존재론으로부터 비롯된 이 들뢰즈-노자의 희극적 윤리는 동일성의 존재론과 변증법에 기반한 도덕에 대비한 새로운 윤리의 이름이라 할 수 있겠다.

아이러니와 해학

그러면, 들뢰즈-노자의 희극적 윤리가 어떤 의미와 모습을 띠게 될지를 밝히는 것은 나중으로 미루기로 하고, 우선 들뢰즈에게서 이끌어 내었다고 밝힌 아이러니와 해학이 어떤 것인지를 검토해 보아야 하겠다. 아이러니와 해학은 고대로부터 쓰여 온 것이기 때문에 들뢰즈의 개념 정의가 그 이전의 것들과 어떻게 같고 또 다른지를 비교해 보는 작업이 또한 필수적이다.

아이러니는 소크라테스 이래로 도덕적인 의미를 가져왔다. 소크라테스와 함께, 아이러니는 어떤 주제에 대한 무지를 재인하는 하나의 수단이 되었다. 즉, 우리가 알지 못하는 이데아 앞에서 우리는 방황하고 (*eironeia*)[15] 이에 복종하게 되는 것이다. 이것은 도덕의 기원이 되는 감정이다. 그런데 이 아이러니는 시간이 흐르면서 변화를 겪게 된다. 낭만주의에 이르러, 소크라테스의 아이러니와는 다른 얼굴을 가지게 되면서, 아이러니는 이제 '나'라는 제한된 틀에 갇힐 수밖에 없는 인간의 자유와 그 광대함을 보여 주는 데 쓰이게 된다. 아이러니는 무한한 자유가, 한계 지어진 나의 매개를 통해 표현되어야만 한다는 모순을 지시하게 된 것이다. 슐레겔(Friedrich Schlegel)이 말했듯이, "하나의 아이러니와 다른 하나의 아이러니 사이에는 '도덕주의'와 탐미적 딜레탕티즘, 그리고 자유주의적 니힐리즘 사이만큼의 거리가 있다".[16] 도덕주

---

15) 아이러니에 '방황'이라는 의미가 있다는 것은 Gregory Vlastos, *Socrate ; Ironie et philosophie morale*, tr. fr. Catherine Dalimier, Aubier, 1994에서 주목되었다. "그리스인들에게 되돌아가 보면, 아이러니의 현재 사용에는 매우 낯선, 속이려는 의도가 '*eironeia*'라는 어원과 또한 같은 가족인 '*eiron*', '*eironeuomai*'의 일반적인 가치였다는 것을 발견하게 된다." (p.40)

의로부터 딜레탕티즘으로의 변환을 겪은 아이러니에는 그러므로 두 가지의 서로 화해할 수 없는 의미가 포함되어 있다.

해학의 경우는 어떠한가? 해학은 희극적 기술의 또 다른 방법으로 거의 언제나 아이러니에 동반하여 언급된다. 그러나 이 두 기술을 명확히 구별하는 것은 쉬운 일이 아니다. 장켈레비치는 아이러니를 다루면서 이 둘을 구분하거나 정의하지 않은 채로 해학을 언급하고 있고, 오리는 키케로에게 있어서의 아이러니에 관한 연구[17]를 시작했다가 해학을 동시에 연구해야만 한다는 것을 나중에 인식하게 되었다. 카자미앙은 셰익스피어의 해학에 관한 연구를 하면서, "아이러니를 배제할 수 없을 뿐만 아니라, 이를 해학과 단번에 구분하기도 어렵다"고 고백했다.[18] 오리에 따르면 "그리스·로마 문화는 해학을 알고 있었고 종종 섬세하게 사용하기도 했지만, 우리는 이 문화가 해학을 전혀 정의한 적이 없다는 것을 인정할 수밖에 없다".[19] 이렇듯, 여러 연구자들이 아이러니와 해학을 다루었지만, 이 두 기술에 고유한 정의는 내린 바 없다. 이 두 기술에 대한 최초의 의미 있는 구분은 베르그송에 이르러서야 이루어진다. 다음 글을 읽어 보자.

[아이러니와 해학의] 가장 일반적인 대립점은 아마도 실재와 이상, 즉 있음과 있어야 함의 대립일 것이다. 그리고 전이(transposition)는 두

---

16) Vladimir Jankélévitch, *L'ironie*, Flammarion, 1964, p.17.
17) Auguste Haury, *L'ironie et l'humour chez Ciceron*, Leiden, Brill, 1955.
18) Louis Cazamian, *L'humour de Shakespeare*, Aubier, 1945. 카자미앙의 고백은 오리의 책(*L'ironie et l'humour chez Ciceron*, avant propos X)에 언급되어 있다.
19) Haury, *L'ironie et l'humour chez Ciceron*, avant propos XI.

개의 역방향으로 이루어진다. 때로 우리는 그래야만 할 것을 이야기하면서 마치 지금 정확히 그 상태인 척한다: 이것이 아이러니이다. 반대로, 때로 우리는 있는 그대로를 세밀하고 꼼꼼하게 묘사하면서 마치 거기에 그래야만 함이 존재한다고 믿는 것처럼 행동한다: 해학은 자주 이런 식으로 진행된다. 이렇게 정의된 해학은 아이러니의 역이다. …… 그래야만 하는 선의 이데아에 의해 점점 더 고양되는 것이 아이러니이다: 그래서 아이러니는 어떤 의미에서 활력 넘치는 웅변이 될 정도로 내부적으로 열기가 고조될 수 있다. 반대로 있는 그대로의 악의 내부로 점점 더 내려가는 해학은 더욱 차갑고 무관심하게 악의 세부 사항을 지적한다. …… 여기서 해학가는 마치 해부에 의해 우리를 역겹게 만들려는 해부학자처럼, 지식인을 가장한 도덕주의자로 나타난다.[20]

베르그송에게 있어서 해학은 아이러니와 정반대 방향으로 움직이는 웃음의 기술이다. 그는 이상과 실재, 그리고 위와 아래를, 이 두 기술을 구분하는 기준으로 제시했다. 베르그송의 이러한 정의는 매우 고전적으로 보이는데, 그 이유는 이 두 기술 모두 소크라테스 이래 웃음의 도덕적 사용과 정확히 일치하기 때문이다. 아이러니는 웅변적 방법으로 이상을 말하면서 도덕을 설파하고, 해학은 천박한 일상의 역겨움을 보여 주면서 또한 도덕감을 키운다. 들뢰즈의 아이러니와 해학이 베르그송의 정의를 따르면서도 정반대의 윤리에 이르는 지점이 바로 여

---

20) Henri Bergson, *Le Rire*, PUF, 1991, pp.97~98.

기이다. 들뢰즈의 말을 들어 보자.

> 잘 알려져 있는 바와 같이 도덕 법칙을 전복하는 데에는 두 가지 길이 있다. 하나는 원리들로 향하는 상승의 길이다. 여기서 법칙의 질서는 이차적이고 파생적인 질서로, 차용된 질서이자 '일반적인' 질서로 부인된다. 법칙 안에서 비난받는 것은 어떤 본연의 힘을 우회시키고 어떤 원천적인 역량을 참칭하는 이차적인 원리이다. 다른 하나는 거꾸로 하강하는 길이다. 법칙은 그 귀결들로 내려갈수록, 또한 과도할 정도로 완벽한 세심함을 기울여 복종할수록, 더욱 전복되기 쉽다. 법칙을 그대로 따름으로 해서 허위로 복종한 영혼은 오히려 법칙을 뒤집고, 법칙이 금지한 쾌락을 맛보기에 이른다. …… 법칙을 뒤집는 첫번째 방식이 반어적인 것이고, …… 두번째 방식이 해학이다.[21]

아이러니가 원칙으로 상승하는 방식이고, 해학이 결과로 내려오는 방식이라는 이러한 이해는 베르그송의 유산이라고 할 수 있다. 그런데 주목해야 할 지점은 그 유산 이면에 있다. 들뢰즈는 베르그송과는 달리, 또는 정반대로, 아이러니와 해학을 도덕 법칙을 전복하는 도구로 '재정의' 했다는 점이다. 베르그송이 아이러니와 해학에서 도덕주의적 태도를 보았다면, 들뢰즈는 이를 오히려 도덕 법칙을 전복하는 두 가지 방법으로 간주한 것이다. 즉, 베르그송이 법칙을 승인하고 보장하는

---

21) Deleuze, *Différence et répétition*, PUF, 1968, p.12.〔김상환 옮김, 『차이와 반복』, 민음사, 2004, 33~34쪽.〕 인용문은 번역본 참고하여 부분적으로 수정.

'고전적인' 시도 안에서 틀 지었다면, 들뢰즈는 법칙을 사유하는, 다시 말해 법칙을 전복하는 '현대적' 방법을 정립한 것이다.

그렇다면, 들뢰즈가 재정의한 아이러니와 해학의 정의와 의미를 밝힌 지금, 『도덕경』의 문체(style)를 이 아이러니와 해학으로 재조명해 보기로 한다. 다음의 인용구를 살펴보자.

······ 고로 도를 잃은 이후 덕이 있고, 덕을 잃은 이후 인이 있다. 인을 잃은 이후 의가 있고, 의를 잃은 이후 예가 있다. 예는 충성과 신의의 타락이며, 이는 세상의 무질서의 시작이다.······

〔······ 故失道而後德, 失德而後仁, 失仁而後義, 失義而後禮, 夫禮者, 忠信之薄, 而亂之首. ······〕[22]

이 장에 소개된 여러 덕목들, 즉 인과 의와 예는 보통 유가적 도덕 법칙들로 알려져 있다.[23] 인용문은 들뢰즈가 정의한, 도덕 법칙을 전복시키는 아이러니의 방식을 정확히 기술하고 있다. 즉, 인과 의, 그리고 예는 도의 이차적이거나 삼차적인, 다시 말해 "파생적이고, 차용된, 그리고 일반적인" 도덕 법칙임을 여실히 보여 주고 있는 것이다. 그리고 이러한 도덕 법칙의 강조는 도덕적으로 선한 사회를 가져오기보다는

---

22) Lao-tseu, *Tao tö king*, trans. Fong Yeou Lan, ch. 38. 이 장은 번역자마다 미묘한 해석의 차이가 있으나, 본 인용문은 펑유란(馮友蘭)의 불어 번역을 다시 우리말로 옮긴 것이다. 18장도 이와 비슷한 아이러니로 이루어져 있다.
23) 중국 철학에서는 유가와 도가를 막론하고 도를 최우선의 원칙으로 삼는다는 사실은 이 글에서 생략했다. 유가가 도에서부터 어떻게 인·의·예를 중심으로 하는 도덕으로 타락(이때의 '타락'이라는 평가는 들뢰즈 철학으로부터만 가능하고 유효한 것임을 밝혀 둔다)했는지 밝히는 작업은 다음으로 미루기로 한다.

오히려 세상의 무질서를 보여 주는 지표가 될 뿐이라는 것이다. 군자의 덕목인 인과 의는 이차적 권능(pouvoir)일 뿐임을, 우리가 방황할 때에만, 우리가 도와 덕을 잃을 때에 나타나거나 보이는 파생적 법칙일 뿐인 것이다. 이처럼, 앞의 인용문이 아이러니의 방법을 사용한 문체를 보여 주고 있다면, 다음 인용문들은 해학으로 볼 수 있다.

지혜로부터 벗어나고 신중함을 버려라. 그리하면 백성의 이로움이 백배가 될 것이다. 인으로부터 벗어나고 의를 버려라. 그러면 백성이 효와 자애로 되돌아올 것이다.……
〔絶聖棄智, 民利百倍, 絶仁棄義, 民復孝慈, ……〕[24]

학문을 버리면 근심으로부터 벗어날 것이다.……
〔絶學無憂. ……〕[25]

"지혜로부터 벗어나고 신중함을 버리면 백성의 이로움이 백배가 된다"는 언설이나, "학문을 버리면 근심으로부터 벗어날 것이다"라는 언설은 우리의 구체적인 일상의 '결과들, 귀결들'을 보여 준다. 일상의 이로움, 근심으로부터의 해방과 같은 일상적인 결과물들은, 그러나 보는 바와 같이 도가에서는 지혜와 신중함 등, 일반적인 도덕 법칙을 어기는 데에서 나오고 있다. 법칙을 어기면 누릴 수 있는 쾌락과 즐거움,

---

24) Lao-tseu, *Tao te king*, trans. Marcel Conche, ch. 19. 이 장의 번역은 콩슈의 것을 따랐다.
25) Lao-tseu, *Tao tö king*, ch. 20. 일반적인 번역.

그리고 이로움. 이것은 바로 들뢰즈가 정의한 해학에 다름 아니다.[26] 도덕 법칙이 금지하는 것을 어기거나, 도덕 법칙이 허용하는 것을 승인하지 않음으로 해서, 오히려 얻고자 한 결과물을 얻게 되는 결과적 현상을 기술한 것이 해학이라면, 바로 도가적 해학이 그 모범적인 경우라는 것을 정확하게 보여 주고 있는 것이다.[27]

결론 : 웃음의 윤리적 함축

아이러니와 해학에 대한 들뢰즈적 재정의와, 그에 꼭 들어맞는 도가의 문제를 검토한 지금, 들뢰즈의 니체에 대한 다음 글로 이 논문의 결론을 마무리 짓고자 한다.

> 웃지 않고, 많이 웃지 않고, 또는 자주 웃지 않고, 가끔은 배꼽을 잡고 웃지 않고 니체를 읽은 사람들은 마치 니체를 읽지 않은 것과 같다.[28]

---

26) 참고로, 들뢰즈는 아이러니의 방법으로 도덕 법칙을 전복하는 작가로 사드(Marquis de Sade)를, 해학의 방법으로 도덕 법칙을 전복하는 작가로 자허마조흐(Leopold von Sacher-Masoch)를 들고 있으며, 이는 사도-마조히즘에 관한 작은 책에서 상세히 다루어지고 있다(Deleuze, *Présentation de Sacher-Masoch*, Minuit, 1967). 해학의 경우를 간단히 설명하자면, 들뢰즈는 도덕적으로 금지되어 있는 상대에 대한 채찍질이 오히려 성적 쾌락을 가져온다는 결과를 두고 마조히즘을 도덕 법칙에 대한 해학적 전복으로 보고 있다.

27) 해학을 보여 주고 있는 장들은 이외에도 38, 56, 63장 등이 있다. 한편 이 글은 『도덕경』의 문제와 들뢰즈의 해학을 비교하는 목적에서 쓰여졌기 때문에, 해학이 들뢰즈 철학 내에서 어떤 의미를 가지는지에 대한 자세한 내용은 다루기 어려웠다. 해학은 들뢰즈에게 가장 중요한 개념 가운데 하나인 잠재성을 보여 주는 중요한 방법으로 『의미의 논리』에 선불교와 관련하여, 그리고 선불교의 의미와 무의미의 놀이와 관련하여 자세히 다루어지고 있다. 이에 대해서는 다음 기회에 다시 논의하기로 하겠다.

니체를 읽으면 왜 웃게 되는 것일까? 왜냐하면 그는 우리에게 "우리의 데카당스를, 우리의 퇴폐를 보여 주기 때문이다. 이는 우리가 불안, 고독, 죄책감, 드라마, 소통 등 내부의 모든 비극적인 것을 만들어 낼 필요성을 느끼는 방식인데 …… 예술은 필연적으로 이 모든 것들을, 우선은 비극적인 것을 폭발시키는 해방이고, …… 코드들을 부숴 버릴 때 우리는 웃지 않을 수 없기"[29] 때문이다. 다시 말해서, 우리는 그가 억압적 규칙들을, 그 퇴폐적인 면모를 보여 주면서 우스꽝스러운 것으로 만들어 버렸기 때문에 웃는다. 들뢰즈는 여기서 '희극적 사유의 공격적인 능력'을 지적한다. 웃음의 첫번째 과제는 기존의 코드들을 깨는 데 있고, 다음으로는 "코드화될 수 없는 것, 코드화되지 않고 남아 있는 어떤 것을 지나가도록 하는 데에"[30] 있다.

도가의 철학은 변증법적이지 않다. 그러나 변증법적이지 않다는 이유로 신비주의라 부르는 것은 부당하다. 도가 철학을 적극적으로 규정하는 방법이, 정당하게 읽는 방법이 있지 않을까? 우리는 이 논문에서 그것이 도가 철학에 대한 예술적 독법이라 가정했다. 구체적으로는 아이러니와 해학으로. 또한 들뢰즈적 해석으로. 이는 거꾸로, 철저하고 순수한 들뢰즈의 차이의 존재론이 도가적 웃음의 윤리로 재조명될 수 있는 방법이기도 하다. 그래서 우리는 또한 웃음의 의미가 무엇인지를 조심스럽게 다루어 보고자 했다. 웃음은 기존의 코드를 부수는 것. 다

---

28) Pierre Boudot et al., *Nietzsche aujourd'hui 1) intensité*, Collectif, U.G.E., 1973, p.170.
29) Ibid., p.170.
30) Ibid., p.161.

시 말하면, 웃는다는 것은 몇 가지로 굳어진 도덕률과 불필요한 가책, 우울, 그리고 비극으로부터 해방되어, 그 몇 가지 도덕률이 포착하고 싶었던 더욱 근본적이고 본래적인 윤리를 매 순간 재정립하는 것을 뜻한다. 변증법으로 파악되지 않는 전체를 직관하고, 이 직관에 근거해 매 순간 살아 움직이는 상황과 삶을 전체적으로 껴안고 긍정하는 것. 이것이 아마도 변증법적이고 비극적인 도덕에 대립된, 들뢰즈-도가의 희극적 윤리의 모습일 수 있을 것이다.

GILLES DELEUZE

3부

욕망과 실천

6_ 욕망의 문제로 보는 자본주의와 가족

왜 욕망인가?

들뢰즈의 철학이 기본적으로 존재론이지만 그가 정치적·실천적 영역에 무관심했던 것은 아니었다. 가타리(Félix Guattari)를 만난 이후 특히 그의 관심은 정신분석과 자본주의에 기울었다. 들뢰즈가 자본주의의 문제를 진단하기 위해 생각한 개념이 욕망이긴 하지만, 이에 대해서는 오해하지 않도록 각별한 주의가 필요하다. 정신의학자 가타리와의 만남으로 욕망이라는 개념에 주의를 집중하게 되었던 면도 있겠지만, 들뢰즈가 욕망이라는 개념을 쓴 것은 단지 정신분석에 대한 다른 해석을 하기 위한 것은 아니었다. 『안티-오이디푸스』라는 책이 자본주의를 편집증과 분열증 사이를 진동하는 체계로 진단하면서, 그들의 실천 철학을 정립하기 위해 프로이트에 고유한 오이디푸스 콤플렉스를 반박하고 라캉(Jacques Lacan)의 특정 개념을 그들에게 유리하게 차용하고 있기 때문에 이들의 욕망 개념을 정신분석 '으로부터' 이해하려는 경향이 있는데, 이는 이들을 이해하는 좋은 방법이 아니다. 이들이 정립하고자 한 욕망은 합리적 이성의 반대편으로서의 욕망이 아니라, 욕망 일원론으로서의 욕망인데, 정신분석학의 욕망은 이러한 것이 아니기 때문이다. 즉 이들에게 있어 욕망은 합리적 생산을 비롯한 모든 생산을 담당하는 것으로, 이는 이들 이전의 모든 욕망에 관한 담론과 다르다. 이들의 작업은 사실 라이히(Wilhelm Reich)의 선행 작업을 니체적 시각에서 발전적으로 계승했다는 평가를 받고 있는데, 이 평가를 정확히 이해하려면 이들 앞에 놓여진 통속적 마르크시즘과 대중화된 프로이트적 정신분석학이 철학적으로 어떤 대립점을 형성하고 있는지를 먼저 짚어 보아야 한다.

라이히가 명명했던 '통속적 마르크스주의'란 마르크스의 철학과는 상관없이 대중화된 마르크스주의를 말하는 것으로 모든 것이 생산 체제에 따라 결정된다는 기계적 세계관을 말한다. 이러한 기계적 마르크스주의를 보완하기 위해 20세기 들어서는 코제브(Alexandre Kojève)나 사르트르(Jean P. Sartre), 알튀세(Louis Althusser) 등이 각각 마르크스의 헤겔적 독해, 실존주의와의 결합, 구조주의적 사유 등을 시도한 바 있다. 이들의 시도가 있기 전, 기계적 마르크시즘이 구체적 역사를 제대로 설명하지 못한 것은 이데올로기의 효과를 감안하지 않았기 때문이라고 착안한 라이히가 마르크시즘과 정신분석을 결합하려 하였다. 마르크시즘이 이데올로기의 효과를 감안하지 않은 기계적 입장을 취하였다면, 정신분석은 각 개인의 성충동이나 무의식이 사회·경제 체제에 의해 왜곡되고 억압받는 면을 도외시하고 정신적 질병의 원인을 인간의 내부에서만 찾으려는 보수주의적 입장을 가지고 있었다. 즉, 이 두 세계관은 각각 인간과 세계를 합리적 이성과 욕망, 경제적 체제와 정신적 문제 등으로 이분하고, 각각 상대 영역에 간섭하지 않았던 것이다. 라이히의 시도가 신선하고 문제의식이 참신했음에도 불구하고 이러한 노력이 그 결실을 보지 못한 것은, 그가 여전히 이 두 영역을 분리한 채로 사유하고 있었기 때문이었다: 이성은 합리적이고 욕망은 비합리적이다; 그러므로 각각이 담당하는 생산도 다르다.[1]

들뢰즈와 가타리는 이 지점에서 이성과 욕망의 이원론이 아니라 욕망 일원론으로 나아간다. 이는 욕망이 비이성적 생산(정신분석에서 말하는 소위 환상의 생산)뿐만 아니라 이성적이라고 간주되어 왔던 사회적 생산을 담당한다는 뜻이다. 이들은 이러한 비전을 토대로 욕망의 사회사를 쓰고자 한다. 통속적 마르크시즘과 프로이트 이래 정신분석학이 그랬던 것과는 달리, 이들의 욕망의 사회사에서는 정신적 질병이 더 이상 사회와 분리되어 이해되지 않고, 자본주의는 더 이상 욕망과 무관하게 이해되지 않는다. 이들에 따르면, 욕망의 본래적 흐름은 분열적인 데 반해, 이런 분열적 흐름을 하나 또는 여러 특정한 길로 유도하고자 하는 편집증적 성향을 가지는 욕망의 네트워크가 있을 수 있다.[2] 『안티-오이디푸스』에서 이들은, 욕망의 흐름이 기입되는 사회의 표면으로 토지, 군주, 자본을 소개한다. 그들의 사회사이다.[3]

---

1) 라이히의 작업의 의의와, 마르크스와 정신분석의 서로의 세계에 대한 무관심에 대해서는, 졸고, 「라이히 : 문화적 투쟁으로서의 성」, 『성과 사랑, 그리고 욕망에 관한 철학적 성찰』, 서광사, 1999를 참조.
2) 주의할 점은 편집증적 성향을 지니는 욕망의 네트워크를 욕망의 분열적 흐름과 전혀 다른 기원을 가진 것으로 보거나, 사회적으로 구성된 거대한 체제를 악으로 보고 분열적 욕망의 흐름을 선으로 보는 것이다. 욕망을 일원론적 생산 원리로 본다는 것은, 편집증적 흐름이나 분열증적 흐름이나 모두 욕망의 흐름이라는 하나의 흐름으로부터 생산된다고 설명한다는 것이다.

자본주의가 역사의 끝일까?

그런데 이들이 사회사를 자본의 소키우스로 끝낸 데 대해 아직까지 많은 학자들이 의구심을 표한다. 어떤 학자는 들뢰즈·가타리 이론의 한계를 보기도 하고, 마르크스 이래 새로운 사회사와 이에 근거한 자본주의 이후를 기대하는 학자는 실망을 감추지 않기도 한다. 자본은 모든 질적인 가치를 해체하면서 동시에 이를 자본이라는 양으로 환원하는 운동을 한다. 무료 서비스의 상징이었던 인터넷 갈피갈피에 광고가 스며들듯이, 가장 비자본적인 기계에도 자본이 침입한다. 이렇듯 모든 것을 삼키는 공룡인 자본이 모든 소키우스의 한계(마지막)인 까닭은 무엇일까?

들뢰즈에게 자본주의 이후가 없는 까닭은, 첫째, 자본주의가 모든 것을 자본으로 환원하는 한계를 가지고 있지만 욕망의 분열적 흐름에 가장 적합하기 때문이고, 공리들을 추가함으로써 아무런 모순 없이 아무런 한계 없이 스스로를 확장하는 기계이기 때문이다.[4] 이 이유는 들뢰즈가 이미 책에서 밝혔다. 그렇지만 더욱 중요한 까닭은 둘째, 분열적 흐름은, 일부에서 비판하는 것처럼, 어떤 '체제'가 구성되도록 이를

---

3) 이들의 사회사는 저서에서 밝히고 있듯이 계통론이다. 즉, 이 사회사는 역사적 의미에서 시간의 흐름에 따라 펼쳐진 또 다른 의미의 세계사가 아니고, 어떤 사회에서는 세 가지의 소키우스(socius ; 사회 형태)가 동시에 발견될 수도 있는 비역사적인 계통론이다. 『안티-오이디푸스』에서의 이들의 논의를 소개하는 글로는, 졸고, 「들뢰즈와 가타리 : 욕망의 정치」, 『성과 사랑, 그리고 욕망에 관한 철학적 성찰』, 서광사, 1999를 참조.
4) 이들의 자본에 대한 모든 이해는 사실 『안티-오이디푸스』를 직접 읽는 것이 좋으나, 간단히 말하자면 이렇다. 자본주의는 자본주의를 위협하는 모든 운동들(파업이나 노동조합 등)을 자본 그 자체를 위반하지만 않는다면 어떤 공리를 추가해서라도(이를테면 휴가일 수 증가, 작업 환경 개선, 임금 인상 등) 자본주의 내부로 소화하는 체계이다.

추동하기는 하나, 하나의 체제로(이를테면 욕망의 사회 등으로) 스스로가 구성되지는 않기 때문이다. 즉, 욕망에 고유한 유목적 운동은 역사를 구성하기 위해 필요한 시간을 점유하지 않는다. 이는 비판 지점이기도 하지만 우리가 희망을 가질 수 있는 마지막 보루이다. 왜냐하면, 어떤 대안도 체제를 구성하는 한 다시 욕망의 분열적 흐름을 억압할 것이기 때문이다(즉, 어떠한 체제도 대안이 될 수 없다). 욕망의 운동은 역사를 추동하지만 스스로 역사를 구성하지는 않는다. 역사의 변화는 언제나 기존 체계를 넘치는 욕망의 하위-과정을 전제한다. 즉 욕망은 기존 체계(자본주의, 사회주의, 계몽주의, 봉건제, 노예제, 기타 모든 -주의들, 심지어 여성주의까지)를 넘치는 하위-과정이다. 욕망은 역사를 구성하지 않는다. 그러므로 대안이 없는 것은 당연하다. 즉, 들뢰즈에게 자본 기계 '이후'를 묻는 것은 잘못된 것이다. 욕망의 사회사를 자본주의로 끝맺었다고 해서 이것으로 들뢰즈를 친자본주의자라 비판할 수는 없는 일이다. 『천 개의 고원』 이후 들뢰즈는 거대 체제에 대한 관심을 접고, 욕망의 분열적 흐름이 가질 수 있는 혁명적 사례 자체에 주의를 기울였다. 즉, 물어야 할 것은 자본 '이후'가 아니라, 자본 '내에서'의 혁명적 분열이다. 이것은 자연스러운 결론이다. 이에 대한 이해를 위해 들뢰즈의 다음과 같은 비유를 참조해 보자.

개체이건 무리이건 간에, 우리는 선들로 이루어졌습니다. 그것도 본래 그 종류가 매우 다양한 선들로 말이지요. 우리를 구성하는 첫번째 종류의 선은, 여러 개의 선분으로 이루어진 선으로서, 강한 분절성을 보입니다(이런 종류의 선들은 이미 많이 있지요). 가족-직업; 일-휴가;

가족-그리고 나서 학교-그리고 나서 군대-그리고 나서 공장-그리고 나서 퇴직. …… 동시에 우리는 분절성을 보이기는 하나 훨씬 더 많이 유연한 선들을, 말하자면 분자선들을 가지고 있습니다. …… 이 두번째 종류의 선 위에서는 생성, 미시-생성들 같은 많은 일들이 일어납니다. …… 직업, 예컨대 선생, 아니면 판사, 변호사, 회계원, 가정주부로 존재하기, 그것은 하나의 굳고 단단한 선분이지만, …… 그 밑에서 무슨 일이 벌어지는가, 어떤 연결 접속들이 있는가. …… 또 동시에 세번째 종류의 선이 있는데, 이것은 훨씬 더 이상한 선입니다. 이 선은 단순하고 추상적인 선이면서도, 그 어떤 선들보다 가장 복잡하고 가장 많이 뒤틀려 있는 선입니다. …… 이 선만 두드러져 보이는 때가 오는데, 그럴 때 보면, 이 선이 나중에 불쑥 솟아올라 다른 선들에서 떨어져 나가는 것처럼 보이죠. …… 차라리 이 선을 가장 기본이 되는 선으로 하고, 이 선에서 다른 선들이 파생된 것이라고 하는 것이 더 적절하지 않을까요.[5]

강한 분절성을 보이는 선들은 우리가 포착하기 쉬운 역사를 구성하는 선이다. 자본주의, 사회주의와 같은 선들이 그것이다. 그 하위에는 다른 체계를 구상하고 추진하는 좀더 유연한 선이 있다. 이주와 변화가 이에 속한다. 다른 체계로의 변화를 모색하는 선이다. 그리고 그 아래에는 잘 포착되지 않는 미세한 선들이, 방향 없이 사방으로 퍼지는 미세하고 신비한 선들이 존재하며, 이것이 우리를 예측할 수 없는 어떤

---

5) 질 들뢰즈, 허희정·전승화 옮김, 『디알로그』, 동문선, 2005, 217~219쪽.

곳으로 추동한다. 이 지점이 욕망의 지점이다.

그러므로 우리가 제기할 수 있는 실천적인 질문은 두 가지라 할 수 있다. 첫째, 특히 현재 자본주의에 불고 있는 자본의 편집증적 운동, 즉 (신자유주의와 결탁한) 세계화라는 획일화 경향은 어떻게 극복할 수 있는가. 둘째, 욕망의 분열증적 운동을 최대한으로 보장할 수 있는 방법은 무엇인가. 자본에 기초한 체계의 이러한 운명적 운동에 기반해 볼 때, 우리가 세계화의 '획일성'을 말한다면, 이 획일성은 다름 아닌 자본의 획일성이다. 세계화를 미국화라고 말한다면, 그것은 자본주의에 대한 오해이거나 과소평가이다. 다시 말해서, 만약 우리가 세계화의 '획일성'에 대항하여 (각 문화의) '다양성'을 보호해야 한다면서, 거대 미국 문화에 맞서 싸울 수 있는 각국의 문화를 개발하여 판촉한다면, 그것 역시 일종의 자본으로의 '획일화'일 수 있다는 뜻이다. 세계에서 할리우드 영화에 대항할 수 있는 영화는 이제 한국 영화밖에 없다는 말들을 한다. 이에 보란 듯이 우리도 블록버스터를 제작해 내고 있고, 점점 더 크게, 점점 더 자극적으로 영화 상품을 만들어 내고 있다. 한때 우리나라 영화를 빛내 주던 어떤 '낯설음'은 이제 '한국적 블록버스터'의 그늘에 가려져 더 이상 생산되지 않고 있는 실정이다. 이것은 무엇인가? 한국적 영화의 정체성이라는 이름으로, 또는 문화 다양성이라는 이름으로, 상품으로서의 경쟁력이 없는 다양성들이 사장되고 있는 현상이다. 세계를 뒤덮고 있는 미국 자본의 파시즘이 거대하다고 해서 그에 맞서기 위한 작은 다국적 파시즘이 용서되는 것은 아니다. 미국화에 대항한 문화 다양성 논의가 기특하다고 해서 이 '다양성'이라는 구호 아래에서 자행될 수 있는 또 다른 상품화와 획일화에 눈감아서는 안 된다. 들뢰즈가 욕망으로 사회사를 설명하면서, 또한 욕망의 전복성을 역설하면서 우려한 것이 있다면 바로 이러한 것들이다. '다양성'이라는 것이 슬로건이 되는 것, '다양성'이 절대화되는 것. 왜냐하면, 욕망은 그 자체로 선이 아니며, 욕망을 절대화하는 것은 또 다른 미시 파시즘을 낳을 수 있기 때문이다. '우리는 아방-가르드다', '우리는 주변인이다'라는 슬로건이 맹목적인 블랙홀이 될 수 있듯이, '다양성'이라는 것이 자본에 대한 진정한 저항과 반성을 기초로 하지 않고, 맹목적인 슬로건이 된다면 이 역시 우리에게 위험한 블랙홀이 될 것이다.

우리가 세계화에 대항하여 각국의 정체성을 확보해야 한다고 말한다면 그것은 거대 동일자에 포함되지 않는 작은 동일자들을 강조하는 것에 다름 아니다. 그것은 강화된 동일자에 맞서 차이들로 이루어진 또 다른 동일자를 건설하는 것이며, 동일자 시스템을 더욱 강화하는 것에 불과하다. '다양성'의 타깃은 미국과 세계화가 아니라, '자본'이어야 하며, 이에 우리는 이 '다양성'이 진정한 '다양성'이 되기 위해, 다시 말해서 '수많은 정체성들의 다양성'이 아니라 '다양성의 다양성'이 되기 위해 어떤 숙고가 필요한지를 진지하게 고민해야 한다. 진정한 다양성에 대한 강조가 되기 위해서는 동일자로부터 배제된 차이들을 강화하는 의미에서의 다양화가 아니라, 동일자로 잡히기 전, 동일자로 환원되고 왜곡되기 전의 순수한 차이 그 자체로 돌아간다는 의미에서의 다양화가 되어야 한다. 우리가 진정한 다양성으로 존재한다면, 각자의 정체성에 갇혀 있을 때와는 달리 서로를 배제하지 않고, 자본에 대항한 다양성들의 연대(solidarité)가 가능할 것이며, 이 연대는 보편적인 소통에까지 이를 수 있을 것이다. 이를테면 이러한 다양성은, 한국 영화를 블록버스터화하여 할리우드 영화에 대결시키는 것으로 지켜지는 것이 아니라, 한국에서만 만들어질 수 있는 독특한 영화들과 이란과 터키와 동유럽에서만 만들어질 수 있는 독특한 영화들이, 서로 너무나 다르면서도 보편적으로 소통하기 때문에 서로 연대하여 블록버스터 그 자체에 대항함으로써 지켜지는 것이다. 각국이 자본의 논리로 문화 정체성을 규정하고, 몇 가지 요소들을 자국의 정체성으로 환원시키고 한정한다면 이는 서로 간의 이해와 소통이 아닌, 배제와 경쟁을 낳게 되고, 이는 신자유주의의 또 다른 표현이 될 수 있다. 거대 파시즘에 대항해 각자 가지고 있는 것을 보호하고 계발하는 것은 물론 일차적으로 필요한 일이나, 그 의미를 좀더 철저하게 구현하기 위해서는 위와 같은 반성이 필요하다고 본다. 즉, 거대 파시즘에 대한 미시 파시즘은 없는지, 다양성이라는 이름으로 그 다양성 하위의 수많은 다양성을 억압하는 것은 아닌지, 다양성이라는 것이 다시 상품이라는 자본 논리로 포장되고 있는 것은 아닌지, 혹은 다양성 아래에서 자본이 독버섯처럼 자라고 있는 것은 아닌지. 진정으로 다양성을 보호하려고 한다면, 우리는 세계화와 미국화에 긴장할 것이 아니라, 자본 그 자체에, 그리고 맹목적인 다양성이라는 목소리 그 자체에 긴장해야 한다.

두번째로 욕망의 분열증적 운동을 보장하기 위한 방법은 무엇인가? 차이와 의미와 욕망은 들뢰즈에게 항상 비시간적인 차원(inactuel)에서 논의된다. 즉 이들은 잠재적으로(virtuel) 있다. 들뢰즈의 차이와 욕망은 플라톤의 이데아처럼 감각적인 실재들, 현재적 현재들을 생산한다. 어떤 동일성으로도 환원되지 않은 무한한 차이는 현재적 현재가 되면서 왜곡되거나 오류가 개입되기도 한다. 즉, 잠재적인 것은 스스로 무한히 생산한다; 욕망은 스스로 생산한다. 그러므로 욕망의 무한한 분열증적 생산을 보장하기 위해 해야 할 일이 있다면 이러한 분열적 생산을 원하지 않는 편집증적 욕망의 운동을 감시하고 가지를 쳐내는 일일 것이다. 만약 21세기의 새로운 엘리트(?)[6]가 있다면, 그가 담당해야 할 일은 이렇듯 모더니즘 시대의 엘리트가 담당했던 계몽 또는 조직과는 그 성격이 다르다. 힘들(대중 혹은 집단)은 더 이상 어떤 방향으로 조직되어야 할 대상이 아니다. 우리(?)가 할 일이 있다면 그것은 그들이 무수한 방향으로 마음껏 발산되도록 이 복수적 운동을 방해하는 블랙홀들의 개입을 감시하는 것일 뿐이다. 우리의 표현이 매우 암시적이고 비유적인 것은 이에 대한 연구가 이제 시작 단계이기 때문이다. 들뢰즈가 스스로 이에 대한 답을 내놓지 않았기 때문에, 그 과제는 우리에게 남겨져 있다. 어떤 답이 최선인지는 우선 들뢰즈의 정치라는 이름을 단 이상 그의 존재론에 기초해야 할 것이다.

가족의 문제

욕망으로 문제 삼을 수 있는 또 하나의 주제가 가족이다. 그런데 우리 사회에서 가족을 문제 삼는 것은 용감한 일에 속한다. 가족 안에서 아무 불편 없이 살고 있거나 더 나아가서는 심리적·경제적으로 여러 안정적인 도움을 받고 있는 일반인으로부터, 심심치 않게 신문에 가족의 위기를 일깨우면서 가족을 재건하자는 메시지를 전달하는 많은 칼럼니스트들에 이르기까지, 가족에 대한 우리의 이의 제기는 이해할 수 없는 일이거나, 불온한 일이기 때문이다. 정의상, 가족과 들뢰즈의 욕망은 양립 불가능하다. 어떤 맥락에서 그런가? 이를 이해하기 위해서 들뢰즈의 욕망과 이에 관련한 정신분석과 가족의 관계를 알아봐야겠다. 욕망은 정신분석학의 개념이지만, 들뢰즈가 존재론에서 구축해 놓았던 '차이 그 자체'의 성과를 그대로 포함하고 있다. 즉, 들뢰즈에게 있어서 욕망은 실재를 생산하는 지반이다. 또한, 본래적으로 복수적이고 생산적인 욕망은 그 어떤 권력 의지에도 저항한다. 들뢰즈의 '욕망'은 정신분석학에서 말하는 욕망과는 전혀 다른 것이나, 안타깝게도 언제나 정신분석학에서의 욕망 '으로부터' 이해된다. 물론 들뢰즈가 프로이트가 구상한 그 리비도(libido)를 생각하고 있기는 하다. 즉,

프로이트를 따라서 들뢰즈는 자유롭게 떠다니는 에너지 혹은 리비도라는 생각으로부터 출발한다. 리비도는 무정형적이고 분화되지 않았다는 의미에서 자유롭게 떠다니는 것이 아니라, 특별한 대상들에 제약되지 않았다는 의미에서 자유롭다.[7]

그러나 프로이트는 욕망을 인격화했고(즉, 누구 누구의 욕망), 자유로운 리비도를 욕망의 삼각형(아빠-엄마-나) 속에 가두어 버렸으며, 꿈

---

6) 엘리트라는 말 뒤에 물음표를 단 이유는 사실상 들뢰즈에게서 엘리트라는 말이 매우 부적절하기 때문이다. 그 아래에 '우리'라는 말 뒤에도 같은 이유로 물음표를 달았다. 들뢰즈에게서 존재자들은 그 존재론적 의미에서 평등하며 누가 누구를 지도할 수 있는 위치에 있지 않다. 다만 존재자들 사이에 구분이 있다면 다음과 같은 의미에서 있을 수 있다. 즉 사회적·정치적·도덕적인 여러 가지 의미에서 자행되는 지배적인 이데올로기화 혹은 동일화의 조작에 조작당하는 존재자와 그 의도에 의해 왜곡되지 않고 본래적인 의미에서 차이 그 자체를 지향하는 존재자. 후자를 들뢰즈에게서 탁월한 존재자라고 부를 수 있을 것이다. 니체적 용어로는 초인이라고 할까?
7) 클레어 콜브룩, 백민정 옮김, 『질 들뢰즈』, 태학사, 2004, 231쪽.

과 환상으로서만 재현될 뿐인 극장으로 만들어 버렸다. 그러한 프로이트의 기획은 들뢰즈와 가타리가 보기에는 자본주의의 핵심을 응축하고 있는 것이다. 바로 여기에서 욕망에 대한 이론인 정신분석학이 자본주의와 결탁하는 지점을 알아볼 수 있다. 들뢰즈와 가타리가 보기에 프로이트가 욕망을 가족의 삼각형 안에 가둔 것은 부르주아의 권리 유지와 밀접한 관련이 있다. 좀더 정확히 말하면 자본주의 체계 안에서 상징적인 아버지의 이름을 지키는 것이 가부장적 가족과 프로이트 정신분석의 핵심이기 때문이다. 『안티-오이디푸스』에서 들뢰즈와 가타리는 욕망을 프로이트가 부여한 인격성과, 가족과, 자본주의로부터 해방시키기를 바랐다. 즉, 동일성에 의해 왜곡되어 있던 욕망을 그 전복성과 생산성에 있어서 그대로 기술하고자 했던 것이다. 그들은 이렇게 말한다.

> 정신착란이란 역사적·세계적인 것이지 가족적인 것이 전혀 아닙니다. 사람들은 중국인들, 독일인들, 잔 다르크와 칭기즈 칸, 아리아인들과 유태인들, 돈, 권력과 생산 등에 대해 망상을 하는 것이지 엄마-아빠에 대해 하는 것이 아닙니다.[8]

즉, 들뢰즈와 가타리에게 있어 욕망이란 개인의 욕망도 아니고 가족에 대한 욕망도 아니다. 그것은 에너지의 흐름으로서 어떤 틀 속에도 갇히지 않는 미친 운동이다. 그것은 차이와 마찬가지로, 어떠어떠한 욕망이 개인적인 욕망으로 분명하게 드러나기 전, 그 욕망의 모태가 되는

---

8) 질 들뢰즈, 김종호 옮김, 『대담 1972~1990』, 솔, 1993, 48쪽.

생산적이고 전복적인 힘이다. 그런데 가족은 이 미친 흐름을 혈연 가족의 틀 내로 제한한다. 이것이 바로 가족이 비판될 수밖에 없는 첫번째 지점이다. 혈연 가족의 틀 내에서만 제한되는 욕망은 필연적으로 억압되며 왜곡된다. 게다가 아버지의 법을 내재화해야 하는 욕망이라면 더 말해 무엇하겠는가? 그 아버지는 자본주의 질서를 착하게 소화하기를 욕망에게 강요한다. 그러나 가족이 비판되는 지점은 비단 자본주의와의 연합에 그치지 않는다. 다음 예를 보자.

최근의 한국 영화는 「바람난 가족」을 기점으로 가족상의 변화를 꾸준히 담아 왔다. 2003년 가족과 모성신화에 도전하는 영화들(「바람난 가족」,「4인용 식탁」)이 나오자 이듬해에는 반작용 격으로 혈연을 강조한 복고적 가족주의가 힘을 얻었다(「가족」,「우리형」,「태극기 휘날리며」). 이어 지난해에는 모성이 가정의 수호자로 제시되거나(「오로라 공주」,「친절한 금자씨」,「6월의 일기」), 아버지가 없고 모자관계가 강조된 가정(「말아톤」,「사랑해 말순씨」,「소년, 천국에 가다」)이 속속 등장했다. 그리고 2006년 이제 비혈연 대안 공동체에 대한 열망을 담은 전혀 새로운 가족영화가 탄생한 것이다.[9]

영화가 표현한 가족의 모습들이다. 그러나 이러한 변화하는 가족상에도 문제는 있다. 부계 혈통 가족주의가 우리에게 억압이라고 해서, 이분법상 반대편에 위치하는 모성 중심 가족이 대안이 될 수는 없다.

---

9) 양성희,「가족, 핏줄 넘어 진화」,『중앙일보』, 2006년 6월 1일자.

가족주의의 파시즘을 공격하고 해체하면서, 그것은 '비혈연 공동체'로 성급하게 대체하는 것도 답이 될 수는 없다. 내용물만 바뀌었을 뿐 여전한 파시즘이기 때문이다.

현재의 가부장적인 가족제도의 대안으로 **모성 중심으로 놓으면 모든 것이 가능**할 거라는 막연한 속물남성들의 판타지로밖에는 해석되지 않는다. 그렇기 때문에 영화 속 아버지는 교묘하게 모습을 감추고 있다. …… 이 영화가 정치적으로 정직하지 못한 점은 **행복한 순간만 보여 준다**는 데 있다. …… 그 인물들은 정말 행복하게 살았을까?[10]

「가족의 탄생」은 가족의 구성 측면에서는 근대 가족의 틀을 벗어나고 있지만, **안식처로서의 가족**의 기능을 지나치게 부각시킨 점, 그리고 새로운 정상 가족의 탄생으로 마무리된 점으로 인해 매우 온건한 가족주의 영화로 재탄생하고 말았다.[11]

"중심(부계든, 모계든, 비혈연이든)-안정, 안식처로서의 가족-행복"이라는 틀 자체가 환상이자 억압이며, 이 지점이 또한 가족에 대한 비판 지점이 된다. 들뢰즈가 말하는 욕망은 우리를 억압하는 모든 환상으로부터의, 모든 억압으로부터의 전복 또는 해방이다. 그렇다면 욕망은 가족을 부정하는가? 들뢰즈에게서 답을 찾는다면, **유목적 가족**이 그

---

10) http://blog.cine21.com/goodeyes5/35654
11) http://blog.cine21.com/f4yright/36228

답일 수 있을 것이다. 끊임없이 움직이면서 가족이라는 비어 있는 이름에 들어왔다 나가는 무리. 겉으로 같은 구성원으로 이루어진 하나의 가족이 수십 년 동안 지속된다고 해서 편집적 가족이라고 말할 수는 없다. 그것은 겉으로 나타난 현상일 뿐, 중요한 것은 잠재적으로, 즉 의미상, 그 구성원들이 가족에 얽매여 가족을 강요당하며 살고 있는가 아닌가이다. 편집적 가족주의(앞의 맥락에서는 가부장적 가족주의)는 혈연 이외의 가족은 인정하지 않으며, 인정하는 데 아주 오랜 시간이 걸린다. 뿐만 아니라 가족 이외에 대해서는 철저히 배척하며 기득권에 집착한다; 자본의 확장에 집착한다. 이런 식으로 가족과 자본은 견고히 연결되어 있는 것이다. 가족 그 아래에서 움직이는 유목적인 움직임에 주목해야 한다. 이 움직임에 개방되어 있는 가족, 이 가족을 유목적이라 부를 수 있을 것이다. 이것은 **전쟁기계**이다. 고착과 집착, 동일성의 확장(자본 축적)에 대한 끈임 없는 전투.

7_ 들뢰즈의 미학이 존재하는가?*

들어가는 말

"들뢰즈의 미학이 존재하는가?"라는 질문은 프랑스의 미학 교수 자크 랑시에르(Jacques Rancière)가 던졌던 질문이다. 들뢰즈의 동료였지만 그의 생전에는 서로 비슷한 점이 없었고, 사후에서야 비로소 그의 예술에 관한 글들을 읽기 시작했다고 밝힌 랑시에르는 근래에 들뢰즈에 관한 일련의 글들을 발표하면서,[1] 위의 질문을 던지고 또한 "들뢰즈가 미학의 운명을 완성했다"고 평가한 바 있다. 그는 한 대담에서 이 질문에

---

*이 장은 2005년 겨울 프랑스철학회에서 발표된 글이다. 겨울학회에서 주로 지적되었던 점에 대한 간단한 답변으로 이 글에 대한 수정을 대신하고자 한다. '괴물'이라는 개념을 들뢰즈의 미학에 관련지은 이 논문에 대해 김상환은 들뢰즈의 텍스트 내에 괴물에 대한 기술들이 많이 나오는 데도 불구하고 이에 대한 언급이 부족하고, 논문이 들뢰즈 외부로부터 접근되었다는 점에 대해 아쉬움을 표했다. 이에 대해 필자는, 이 논문이 철학사적으로 오래된 역사를 가지고 있는 '괴물'이라는 개념이 들뢰즈 철학에서 어떻게 수용되고 변화를 겪었는지를 밝히려는 목적을 가진 것으로, 들뢰즈 텍스트 내부에 어떤 기술들이 '괴물'에 관련한 것인가를 밝히려는 논문이 아니라는 설명으로 이에 답하고자 한다. 좋은 지적 감사드리며, 이에 관해서는 의미 있는 후속 연구가 이어지기를 바란다는 말로서 답변을 마무리 짓고자 한다.

대하여, "나는, 회화에 대한 것이든, 문학에 대한 것이든, 영화에 대한 것이든, 들뢰즈가 보여 주고 있는 근본적인 과정이 동일하다는 것에 사로잡혔다"고 말하면서, 그것은 "두 시간에 걸쳐 작동하는데, 우선은 일종의 철저한 물질성을 긍정하는 시간, …… 다음으로는 되돌아오는 방법(manière de retournement)이 생산되는 시간"[2]으로 구성되어 있다는 것이다. 그는 회화, 문학, 영화에 대한 들뢰즈의 작업이 근본적인 과정에 있어서 이처럼 동일하다는 데에서부터 그것을 '들뢰즈의 미학'이라고 명명하려고 하는 것 같다. 그는 이와 같은 질문을 제목으로 하는 논문에서, "이 작업은 들뢰즈 사유의 일반적인 틀 안에 들뢰즈 미학의 자리를 잡으려는 것이 아니다. …… 또한 예술에 대한 들뢰즈의 담론을, 대상과 방법과 학파를 갖는 하나의 학문(discipline)으로서의 미학의 틀 안에 자리 잡으려는 것도 아니다"[3]라면서 연구 범위를 제한하고 있지만, 우리는 랑시에르가 '아니'라고 한 바로 이 지점을 우리 연구의 영역으로 삼고자 한다. 랑시에르가 보여 준 들뢰즈 미학에 대한 성과를 이용하면서, 우리는 '들뢰즈의 미학'이라는 것을 들뢰즈 사유의 일반적인 틀 안에서 사유해 보고, 또한 대상과 방법을 갖는 하나의 학문으로서의 미학으로 정립해 보고자 한다.

---

1) Jacques Rancière, "Existe-t-il une esthétique deleuzienne?", *Gilles Deleuze une vie philosophique*, sous la direction de Eric Alliez, Synthelabo, 1998.; "Esthétique, inesthétique, anti-esthétique", *Alain Badiou*, textes réunis et édités par Charles Ramond, L'Harmattan, 2002.; "Deleuze accomplit le destin de l'esthétique", *Magazine littéraire*, n° 406, février 2002. etc.
2) Rancière, "Deleuze accomplit le destin de l'esthétique", p.38.
3) Rancière, "Existe-t-il une esthétique deleuzienne?", p.525.

예술과 비예술의 구분

들뢰즈가 생각한 예술의 대상과 그 방법을 살펴보기에 앞서 그에게서 과연 예술에 대한 형식적인 정의를 이끌어 낼 수 있을지 알아보기로 하자. 들뢰즈가 정의를 내려 놓지 않았으니, 부적절해 보이지만, 헤겔의 정의를 보면서 들뢰즈의 것을 생각해 보겠다.

> 미학은 아름다움의 거대한 제국을 그 대상으로 한다. …… 그것은 예술의 철학, 또는 좀더 정확히 말해서는 조형 예술 철학이다. 그러나 이 정의는 예술의 아름다움만을 다루기 위해서 자연의 아름다움은 아름다움에 대한 학문에서 배제한다. …… 예술적 아름다움은 자연의 아름다움보다 더 고상하다. …… 심지어 나쁜 생각이라도 머리를 거쳐 나온 것이므로 그 어떤 자연적 산물보다 고상하다; 왜냐하면 이런 생각에는 언제나 정신과 자유가 현전하기 때문이다.[4]

헤겔의 이 정의에서 우리가 주목해야 하는 두 요소가 있는데, 그것은 미학이 '아름다움'을 대상으로 한다는 것, 그리고 이 아름다움은 자연의 아름다움이 아니라 '예술의' (즉, 인간의 정신 활동으로 생산된) 아름다움이라는 것이다. 즉, 미학은 예술 철학이며, 예술의 두 요소는 아름다움과 인간의 정신이라고 할 수 있겠다. 들뢰즈가 생각한 예술이 아름다움을 대상으로 하지 않는다는 것은 분명하다. 그에게 있어서 예술

---

[4] Georg W. F. Hegel, *Esthétique; textes choisis*, PUF, 1984, p.11.

은 과학, 철학과 더불어 "사유의 한 형식"이며, "사유를 정의하는 것은 항상 카오스와 대면하는 것, 그로부터 하나의 면(plan)을 더듬어 이끌어 내는 것"[5]이다. 굳이 말하자면 예술의 대상은 카오스이며, 예술의 주체는 '사유하는 자' 정도가 될 것이다.

이 논의를 좀더 자세히 전개시켜 볼 필요가 있다. 카오스로부터 이끌어 내어지는 것을 예술 영역에서 다시 풀자면 그것은, **감각 덩어리, 즉, 지각과 정서의 복합체**[6]이다. '아름다움'에 대항한 예술 활동으로 종종 '추함'을 추구하는 경향도 있지만, 아름다움이나 추함이란 이미 서로를 규정하는 개념이기 때문에 추함을 강조하는 것은 아름다움의 미학을 대체하는 좋은 방법이 아니다. 추함에 대한 강조는 아름다움의 존재를 더욱 강화시키는 효과를 낳을 뿐이다. 아름다움 그 자체나 추함 그 자체가 존재하기 위해서는 그것을 기초 지어 주는 동일하고 완전한 이데아가 필요하다. 원본으로서의 이데아를 폐기한다면 그와 더불어 아름다움과 추함도 폐기될 것이다. 들뢰즈가 말하는 감각 덩어리는 이데아가 아니라 카오스에 바탕을 둔다. 카오스가 근거 지어 주는 것은 아름다움이 아니라 감각 덩어리이며, **미학은 아름다움에 대한 철학이 아니라 감각 덩어리에 대한 철학**이 될 것이다. 그렇다면 감각 덩어리를 보존하는 자, 카오스를 사유하는 자는 누구인가? 스피노자의 철학이 그렇듯이 들뢰즈 철학에 '주체'로서의 '인간'은 없다. '물질성'에 대립하는 '정신성' 또한 없다고 보여진다. 사유의 대상이 이미 카오스이기 때

---

5) Deleuze et Guattari, *Qu'est-ce que la philosophie?*, Minuit, 1991, p.186.
6) Ibid., p.154.

문에 이 카오스의 운동을 그 전체성으로 포착할 수 있는 '자'는 들뢰즈에 따르면 '**발생적·유충적 주체**'(sujet larvaire)이다. 들뢰즈는 사유와 그 주관자에 대해 다음과 같이 말한다: "이런 의미에서 철학 체계에 고유한 역동성을 구성하는 그런 사유를 데카르트의 코기토와 같이 잘 구성되고 완성된 실체적 주체와 관련 지을 수 있으리라는 것은 확실하지 않다: 사유는 오히려 유충적 주체의 조건에서만 견뎌질 수 있는 극심한 운동들에 관련된다."[7] 즉, 사유하는 자는 실체적·의식적 주체가 아니라, 유충적·발생적 주체이다. 그러므로 예술에 대한 논의는 대상으로서의 이 감각 덩어리에 대한 것과, 방법으로서 어떻게 이 발생적 주체가 될 수 있는지에 관한 것으로 요약될 수 있겠다.

기괴한 진실(vérité monstrueuse)

그런데 우리는 이 감각 덩어리를, 부분적으로는 랑시에르를 따라, 현재적 현재의 진실이라고 부르도록 하겠다. 랑시에르는 미학 영역에 있어서, '표상적 체제'(régime représentatif)에 대해 그의 '미학적 체제'(régime esthétique)라는 개념을 제시하면서, 들뢰즈가 이 미학의 운명을 완성했다고 평가하고,[8] "그런 점에서 예술이 이제 적극적으로 진실이라는 개념과 관계 맺는다"[9]고 말한 바 있다. 사건이든 존재든, 현재라는 시간에 구현된 구체적인 것이 내포하고 있는 것, 또는 그것이 남

---

7) Deleuze, *Différence et répétition*, PUF, 1968, p.156.
8) Rancière, "Deleuze accomplit le destin de l'esthétique".
9) Rancière, "Esthétique, inesthétique, anti-esthétique", pp.479~480.

긴 것으로서의 감각 덩어리, 혹은 사건의 의미가 바로 진실일 것이다.

그런데 이 진실(vérités)은 고전적 의미에서의 진리(Vérité)와 구별되어야 한다. 고전적 의미에서의 진리는 이를테면 범주적 진리이다. 온갖 범주 혹은 유(類)의 범형이 바로 그것이다. 사과에는 사과의 모범적인 형태가 있는가 하면, 비극에는 모범적 구성 요소와 시간적 형태 등이 존재한다. 이데아에 대한 모방이든 규칙에 대한 존중이든, 무언가가 표현되거나 무엇을 표현하기 전에 이미 지켜야 할 틀이 존재하는 것이다. 이러한 것을 진리의 형태라 한다면, 우리가 감각 덩어리로서 말하는 진실이란 이미 존재하는 범형이나 틀과 같은 일반성과는 전혀 상관이 없는, 개별 사과의 사과성(caractère pommestique), 개별 사건의 고유성(singularité), 각 사건에서의 지각이나 정서로서의 감각 덩어리(masse de la sensation)를 말하는 것이다. 여기에는 어떠한 종류의 모범도 없다. 어떤 종류의 범형도 없다는 것은 다시 말하면 표현된 것들 사이에 어떠한 동일성도 유사성도 없다는 것이다. 만약 같은 사과를 표현한다고 해도 그 사과와의 만남에서 비롯된 감각 덩어리는 고유한 것이며, 이것은 각 순간 다르고, 달라야 한다. 그렇지 않다면 그것은 예술이 아니다. 이런 의미에서 들뢰즈는 다음과 같이 말한다. "진정한 사과의 성격은 모방할 수 없다. 각자 새롭고 다른 것을 창조해야 한다. 세잔의 사과와 비슷하게 그려졌다면, 그건 이미 아무것도 아니다."[10] 각 예술 작품이 서로 어떠한 동일성도 유사성도 없고, 뭔가를 모방하지도 않았다면 그것은 필연적으로 '어떤 예기치 않은 것'이어야 할 것이다. 그

---

10) Deleuze, *Francis Bacon: Logique de la sensation*, Seuil, 2002, p.85.

런 점에서, "예술은 필연적으로 어떤 예기치 않은 것, 인식되지 못한 것, 인식할 수 없는 것을 생산한다".[11]

바디우의 평가

고전적인 의미의 진리와, 랑시에르와 더불어 우리가 발견한 들뢰즈의 진실이 이렇듯 다름에도 불구하고 바디우는 그의 방식으로 들뢰즈의 미학을 '진리'와 관련지어 놓고, 들뢰즈를 고전적 의미의 '미학자'로 규정하고 있다.

> 모든 것은 고전적으로 예술들 사이의 위계로 완성된다. 왜냐하면 진리(Vrai)에 대한 사변적 전유가 가장 철저한 예술이 정상의 자리를 차지하기 때문이다. 들뢰즈조차 결국 정서와 지각의 흔적을 보이는 것 안에 현전하도록 했다는 이유로 조각에 일종의 우월성을 부여했다. 미학자의 판단이다.[12]

미학자들은 전통적으로, 철학과 종교만이 담당할 수 있었던 이 완전한 '진리'로부터 얼마만큼의 거리에 있느냐에 따라 예술 장르들 사이에 위계질서를 부여했던 것이 사실이다. 바디우는 이런 경향성을 들뢰즈마저 보인다고 판단함으로써, 들뢰즈의 예술 역시 이런 '진리'에 대하여 성립한다고 규정한다. 바디우의 판단은 아마도 들뢰즈의 다음

---

11) Deleuze, *Deux régimes de fous*, Minuit, 2003, p.268.
12) Alain Badiou, "Le Devoir inesthétique", *Magazine littéraire*, n° 414, novembre 2002, p.29.

과 같은 진술에 근거한 것일 것이다. "감각을 진동시키는 것-감각을 짝짓는 것-감각을 열고, 금가게 하고, 비우는 것. 조각은 이 형태들을 거의 순수한 상태로 제시한다.······"[13] 이것은 마치 바디우가 미리 들뢰즈가 고전 미학자일 것이라는 가설을 세워 놓고 이 가설을 뒷받침할 증거를 들뢰즈의 텍스트들 가운데 찾아다니다 발견한 것처럼 보인다. 왜냐하면 들뢰즈는 다음과 같이도 말하고 있기 때문이다. "예술은 살로부터 시작하지 않고 집과 함께 시작한다; 그래서 건축이 제1의 예술이다."[14] 또한 다른 책에서는 이런 말도 한다. "예술들 간의 분리, 상대적인 자율성, 그들 사이의 우연적인 위계의 문제는 그 중요성을 상실한다. 왜냐하면 예술들의 공통성, 공통의 문제가 있기 때문이다. 음악에 있어서와 마찬가지로 회화에 있어서도, 그리고 예술에 있어서 중요한 것은 형태를 재생산하거나 발명하는 것이 아니라 힘을 포착하는 것이다."[15] 인용 구절들이 보여 주듯이 바디우의 들뢰즈 텍스트에 대한 판단은 부당하고 들뢰즈에 대한 미학자로의 규정 역시 부당하다. 들뢰즈가 관심 갖는 것은 장르를 불문하고 이 '힘'을, 우리가 말했던 각 존재들의 '진실'을 포착하는 것이지, 이 힘을 어느 장르가 더 잘 포착하느냐를 연구하여 이들 사이에 질서를 지으려는 것이 아니었다. 바디우는 들뢰즈를 비자발적 플라토니스트라 부른 연장선상에서, 예술을 말하면서는, 아마도 '비자발적 헤겔리안'이라고 불렀을 듯하다. 다음과 같은 비판이 그 근거가 되겠다.

---

13) Deleuze et Guattari, *Qu'est-ce que la philosophie?*, p.159.
14) Ibid., p.177.
15) Deleuze, *Francis Bacon: Logique de la sensation*, p.22.

예를 들어 들뢰즈는 예술을 계속해서 (지각과 정서와 같은) 감각적인 것 쪽에 배치하는데, 이것은 역설적이게도 '이데아의 감각적 형태'로서의 예술이라는 헤겔의 모티프와 연결된다.[16]

그래서 우리는 과연 바디우의 평가가 정당한지를 가늠하고, 들뢰즈가 말하는 '감각 덩어리'와 헤겔의 '이데아의 감각적 형태'가 어떤 점에서 다른지를 명확히 해보고자 한다. 다음은 두 예술 철학자들의 글이다.

예술은 물질의 진정한 변환이다. 본질, 다시 말해서, 본래적 세계의 특질을 굴절시키기 위해, 예술 안에서 물질은 정신화되고, 물리적 환경은 비물질화된다.[17]

이런 식으로 예술 안에서 감각적인 것은 정신화된다. 왜냐하면 정신이 그 안에서 감각적인 형태로 나타나기 때문이다.[18]

얼핏 같은 이야기인 것처럼 보이는 이 두 구절은 사실상 화합할 수 없는 두 철학자의 것이다. 들뢰즈가 '본질', '정신' 등을 말할 때, 무엇을 생각하고 말하는 것인지에 대한 숙고가 없다면 이 두 철학자는 이렇듯 '비슷'하다. 그러나 결정적으로, 들뢰즈의 '정신'과 '사유'가 '유충

---

16) Alain Badiou, *Petit manuel d'inesthétique*, Seuil, 1998, p.22.
17) Deleuze, *Proust et les signes*, PUF, 1979, p.61.
18) Hegel, *Esthétique; textes choisis*, p.20.

적 주체'만이 견딜 수 있는 어떤 가혹한 운동을 대상으로 하는 것이며, '본질'이란 '차이 그 자체'를 지칭하는 반면, 헤겔의 '정신'은 변증법 적 사유를 하는 '의식적 주체'에 속하는 것으로 명백히 다르다. 들뢰즈 는 헤겔 변증법을 '가짜' 복수성이라고 비판한 바 있다. 하나로부터 시 작해서는 복수성에 이를 수 없다는 것이다. 들뢰즈와 헤겔의 근본적인 차이는 다음과 같은 입장에서 분명히 갈라진다. 들뢰즈에게 예술은 존 재가 주체로 동일화되기 전 내재성에 내재할 때 가능한 반면, 헤겔에게 예술은 주체가 "그 안에서 스스로를 알아보기 위해"[19] 필요한 것이다. 이 정도로 해서 우리는 들뢰즈에게 있어 예술이 보존하는 것은 주체의 정신성이 아니라, 유충적 주체가 사유하는 차이 그 자체로서의 정신성, 혹은 잠재성이라는 것을 분명히 구분했다. 이것을 다른 말로는 진리와 개별 진실들의 차이라고 하겠다.

괴물

이제 우리는 이 고유한 진실들을 형상적으로는 '괴물'(monstre)에 연 관시켜 보기로 한다. 괴물성을 들뢰즈의 '진실'을 규명하기 위해 도입 한 이유는 여러 가지가 있다. 첫째는 예술사적인 이유이다. 괴물의 이 미지는 오랫동안 예술가들을 유혹했고, 작품에 흔히 등장한다. 보에스 튀오(Pierre Boaistuau)의 「사탄의 경이」라든지, 보슈(Hieronymus Bosch)의 「성 안토니우스의 유혹」, 키리코(Giorgio de Chirico)의 「일 트로바토레」를 거쳐 샤갈(Marc Chagall)의 「곡예사」, 달리(Salvador

---

19) Ibid., p.22.

Dali)의 「시민 전쟁에의 예감」, 피카소(Pablo Picasso)의 「반수신과 함께한 켄타우로스」 등.[20] 이외에도 수없이 많은 작품들에 '괴물적인' 이미지가 구현되고 있으며, 이런 흐름은 우리가 쉽게 포착할 수 없는 어떤 것을 포착하기 위해 작위적으로 도입된 측면이 있으며, 이것은 들뢰즈의 철학과 상통하는 면이 있다: 이 점은 뒤에 밝히겠다. 둘째는 명시적으로 드러나 있지는 않지만 '괴물성'을 둘러싼 논의로부터 이끌어 내어질 수 있는 철학적 함의가 들뢰즈의 철학에 보존되어 있기 때문이다. 셋째는 형상으로서 '괴물'이 나타나지 않더라도 어떤 예술 작품이 '기괴한' 효과를 생산할 경우, 예술 작품의 윤리적 의미를 이끌어 낼 수 있기 때문이고, 이것이 들뢰즈 철학의 근본 모토일 수 있기 때문이다. 들뢰즈와 가타리가 만든 잡지의 이름이 키메라(Chimère)인 것이 우연이 아니라고 생각하면서, 이 논점들을 짚어 보도록 하겠다.

　　괴물은 흔히 우리를 공포에 떨게 하지만 동시에 바로 그 이유로 매혹적이다. 괴물의 공포와 매혹은 철학적으로 무슨 의미를 갖는 것일까? 그것은 괴물의 이미지가 내뿜는 모호하지만 강한 힘이 우리를 불편하게 하고, 우리의 이성을 곤란에 빠뜨리고, 세계의 질서를 어지럽히기 때문이다. 간단히 말해서 바로 '동일성'을 문제 삼기 때문에 괴물이 공포스럽고 또한 매혹적인 것이다. 아리스토텔레스가 이미 지적했듯이, 괴물(*terata*)은 '자연에 거스르는'(*para phusis*), '오류'(erreurs)로 간주되었다.[21] 왜냐하면 괴물은 계통(lignée générique) 안에 삽입

---

20) 이 작품들에 대해서는 Gilbert Lascault, *Le Monstre dans l'art occidental : un problème esthétique*, Klincksieck, 1973 참조.
21) Aristote, *De la génération des animaux*, IV, 3, 4.; *Physique*, II, 199 a.

되어 나타나면서도 유(類)를 구성하지 않기 때문이다. 캉길렘이 말한 바와 같이 괴물은 '같은 것이 같은 것을 생산한다' 는 자연의 질서를 지키지 않는다.[22] 이러한 괴물의 이질성(hétérogénéité)에 대해서는 두 가지 상반된 접근 방식이 있었다. 먼저 기형학자들과 같은 과학자들의 태도가 있다. 이들은 괴물들의 유형을 분류하려고 했으며, 해냈다고 믿었을 뿐만 아니라, 심지어 괴물을 감히 생산하고자 했다. "마르슬랭 베르틀로(Marcelin Berthelot)가 화학은 그 대상을 창조한다고 말한 것을 본떠, 다레스트(M. C. Dareste)는 기형생성학도 역시 그 대상을 창조해야 한다고 선언했다. 그는 생틸레르(Geoffroy Saint-Hilaire)의 분류에 따라, 닭의 태아(embryon)로부터 대부분의 단순한 기형을 생산하는 데 성공했다고 자랑했고, 유전적인 다양체들을 생산할 수 있기를 바랐다."[23] 그런데, 과학자들뿐만 아니라 예술에서도 괴물들로부터 일종의 **규칙성**을 발견하려는 시도가 있었다. 발트루사이티스는 로마네스크 조각의 형태들을 연구하다가 기형의 형상이 각기 다른 생명체들의 부분을 이루는 형태들을 서로 조합함으로써 생겨난다는 것을 발견했고, "무질서는 다른 종류의 질서일 뿐"이라고 결론지었다.[24] 이들은 괴물이란 절대적 무질서가 아니며, 결과적으로는 이성에 편입되는 단순한 혼란일 뿐이라고 생각한 것이다.

    그런데, 이와는 접근 방법이 다른 또 한 가지 태도가 있다. 이 태도는 기독교적 사유와 무관하지 않으며, 이분법적 사유의 결과인데, 괴물

---

22) Georges Canguilhem, *La Connaissance de la vie*, Vrin, 1965 참조.
23) Ibid., p.180.
24) Jurgis Baltrušaitis, *Formation, déformation*, Flammarion, 1986, p.8.

을 절대적인 저편(Au-delà absolu)으로 생각하는 것이다. "중세에 기형학과 귀신학이 서로 연결 지어진 것은, 에른스트 마르틴이 『괴물의 역사』에서 지적했듯이, 기독교 신학에 완강하게 남아 있던 이분법의 결과이다."[25] 이런 맥락에서 '저편'이나 캉길렘의 표현인 '반-세계'(anti-monde), 또는 '괴물'에 대한 관심은, '신적인 세계' 혹은 '조화로운 세계'에 대한 강조에 다름 아니게 된다. 다시 말해서, 괴물을 우리 이성의 '저편'으로 간주하는 이 태도도 역시 이를 이성의 세계에 통합시키고자 하는 의도를 감추지 않고 있는 것이다. 결국 '괴물'과 '기형'에 대한 논의는 두 가지 상반된 태도가 있음에도 불구하고 하나로 모아진다. 괴물에 또 다른 **질서**를 부여하든지, 아니면 세계를 둘로 나누는 방식으로, 이들은 결국 질서와 이성과 인과성, 다시 말해 동일성을 강화하는 것이다.

　이러한 기존의 '괴물학'에 대하여, 우리가 만약 들뢰즈의 예술에 '괴물성'을 도입한다면 그것은 전혀 다른 방향일 것이다. 이는 '괴물'에 대한 장 클로드 본 교수의 표현에 잘 나타나 있다. "괴물은 우리를 일상의 심연으로 인도한다. 이 심연이란 결국 우리 자신이 될 수 없는 우리의 무능력에 다름 아니다."[26] 다시 말해서 괴물이란 다른 형태의 질서도 아니고, 질서 저편도 아니며, 우리의 현재를 가능하게 하지만 우리가 포착하기 어렵거나 알아채기 어려운 우리 자신이라는 것이다.

---

25) Ernst Martin, *Histoire des monstres depuis l'Antiquité jusqu'à nos jours*, C. Reinwald, 1880, p.69.; Canguilhem, *La Connaissance de la vie*, p.175.
26) 2003년 5월 16~17일에 리옹3대학에서 열렸던 "괴물의 삶과 죽음"(La vie et la mort des monstres)이라는 국제 콜로키움에서, 장 클로드 본(Jean-Claude Beaune) 교수의 소갯말.

장르를 불문한 예술의 공통적인 과제가 '힘'을 포착하는 것이었을 때의 이 '힘'이라는 것, 예술 작품에 보존되는 것으로 들뢰즈가 지각 작용과 정서 작용(perception et affection)과 굳이 구분해 만들어낸 용어인 지각과 정서(percept et affect), 결국 이 모든 용어들이 지시하고 있는 카오스와 '차이 그 자체'. 이러한 것들은 우리에게 괴물과 같은 것으로, 우리를 일상의 심연으로 인도하는 것이다. 둘로 나뉜 세계 가운데 하나가 아니라, 세계의 심연이 괴물이다. 우리가 들뢰즈의 '이것', '차이 그 자체'를 괴물로 볼 수 있도록 하는 여러 가지 증거가 있다.

이름 없음(lacune du nom), 자기 자리에 없음(manque à sa place)

들뢰즈가 말하는 '힘'이나 '감각 덩어리'는 비표상적인 것이며, 또한 궁극적으로는 '차이 그 자체'를 지칭하는 것이기 때문에, 우리는 그것을 '이름 붙일 수 없다'. 즉 그것은 이름이 없다. 이름을 붙이고 표상하는 순간, '그것'은 이미 그 자리에 없다. 『의미의 논리』에서 들뢰즈는 아이온이라는 시간을 플라톤의 '순간'(instant)으로 설명하면서 그것은 "쉬지 않고 자리를 바꾸고 언제나 자기 자리에 없는" 것으로, "역설적인 순간 또는 불안정한 점"이라고 말한 바 있다.[27] 또한 들뢰즈는 의미란 항상 그것이 지칭되는 자리에는 없다고 말하면서 그것을 선불교의 해학(humour)과 연결하기도 한다. 바로 이러한 점들이 예술이 표현하는 '것'을 '괴물'로 지칭할 근거가 된다. 왜냐하면 "괴물이라는 용어는 범주화 과정 — 그것이 시선에서이든(도식적 범주화), 담론에서이든(언

---

27) Deleuze, *Logique du sens*, Minuit, 1969, p.195.

어의 범주화) ── 에서 누락된 것(lacune)을 지칭하는 데 사용"되고 "'괴물'은 어떤 눈에 보이는 대상이 이름 붙일 수 없으나 그것을 불러야만 하는 순간에 그 결여(manque)를 보충하는 데 사용되는 용어"이기 때문이다.[28]

무형의 형태(forme informelle)

예술이 표현하는 것은 매우 형식적이면서 동시에 무형적이다. 들뢰즈는 아이온이라는 시간이 매우 정적(statique)이기 때문에 마치 집합이나 계열처럼 나누고 배열하고 모을 수 있다고 말한다. "항상 이미 지나갔고 영원히 아직도 오지 않은 아이온은 시간의 영원한 진실이다: 그것은 현재라는 신체적 내용물로부터 자유로운 **시간의 순수한 빈 형식**이다."[29] 그런데 이 시간은 동시에 "경첩을 벗어난, 태양을 터뜨린, 화산으로 뛰어 들어간, 신과 아버지를 죽인"[30] 미친 시간이다. 즉 "극단적인 형식성은 극도의 무형성에 다름 아닌"[31] 것이다. 그리고 이 점은 다시 한번 예술이 표현하는 '것'을 우리가 '괴물'이라고 부를 이유를 제공한다. 왜냐하면 "괴물이란 이미 알려진 어떤 유에 (아직) 속하지 않는 형태가 정해지지 않은 형태(forme informe)이기"[32] 때문이다.

---

28) Pierre Ancet, "L'envers de la forme monstrueuse", *Annales Doctorales*, n° 3 *Esthétiques*, sous la direction de Jean-Jacques Wunenburger et Pierre-François Moreau, Editions Universitaires de Dijon, 2000, p.136.
29) Deleuze, *Logique du sens*, p.194.
30) Deleuze, *Différence et répétition*, p.120.
31) Ibid., p.122.
32) Christian Jaedicke, *Nietzsche : figures de la monstruosité*, *Tératographies*, L'Harmattan, 1998, p.8.

이질적 생산(hétérogenèse)

들뢰즈가 '차이 그 자체'와 '반복'을 통해 꿈꾼 것은 칸트의 선험성을 완성시켜, 그의 철학이 모든 가능한 경험의 근거가 될 뿐만 아니라 그것을 생산하는 것이 되도록 하는 것이었다. "나는 철학이 체계(système)라고 생각한다. …… 나는 체계가 끊임없는 이질성(hétérogénéité)일 뿐만 아니라, 이질적 생산이 되어야 한다고 생각하는데, 내가 보기에 이것은 지금껏 전혀 시도되지 않았다."[33] 이질적인 것, 즉 유(類)를 구성하지 않는 것이 이미 기괴한 것이었고, 이것을 생산하고자 하는 것이 이미 앞서 보았듯이 기형학자들의 포부였다. 그러나 기형학자들과 미학자 발트루사이티스가 한 것은 진정한 이질적 생산이 아니라, 동일한 것들의 재조합을 통해 이질적으로 보이는 것의 생산이었다. 이질적인 것의 생산, 차이의 반복, 단수성(singularité)과 횡단성(transversalité) 등 들뢰즈의 철학을 규정하는 개념들은 모두 예술 영역을 '괴물'이라 부르기에 충분하다.

지금껏 있어 왔던 '괴물'에 대한 논의의 철학적인 함의가 들뢰즈에게서 전혀 새로운 방향으로 전개되어 있다는 것을 살펴보았다. 우리가 들뢰즈의 진실을 괴물과 연관시킨 두번째 이유에 대한 근거가 될 것이다. 진실의 괴물성이란 다시 말해 우리 자신의 심연, 동일성의 심연, 우리가 우리 자신이 될 수 없는 무능력의 느낌일 것이다. 마지막 이유

---

33) Deleuze, "Lettre-préface", Jean-Clet Martin, *Variations : la philosophie de Gilles Deleuze*, Payot, 1993.

인 기괴성이 갖는 윤리적 비전에 대해서는 맺음말에서 다시 짚어 보기로 하겠다.

분열-되기

예술이 표현하는 '것'은 '괴물'이자 '괴물적 진실'이었다. 그렇다면 이 기괴한 것을 과연 어떻게 표현할 것인가? 그것은 이미 이름 붙일 수 없고, 자기 자리에 없으며, 무형의 형태인 기괴한 것이었다. 그런데 이것이 어떻게 표현된단 말인가? 이 '어떻게'라는 질문에 대한 답을 찾기 위해 우리는 '질병', 또는 '분열증'에 관심을 기울이고자 한다. 그리고 이것을 다시 들뢰즈의 '되기' 개념과 연결시켜 이것을 미메시스에 대한 새로운 예술 원리로 정립해 보고자 한다.

기괴와 질병

들뢰즈에게서 병리적 이미지나 그런 것을 지칭하는 표현을 찾는 일은 매우 쉬운 일이다. 가타리와의 공동작업이 필연적으로 정신병에 대한 관심을 불러일으켰다고 말하는 것으로는 부족하다. '분열증' 이외에도, 바로크(일그러진 진주), 회화와 관련하여는 '히스테리', '미친' 시간, 피츠제럴드(Edward Fitzgerald)의 '균열(fêlure)' 등, 병리적 이미지와 표현은 들뢰즈 철학에서 일종의 '징후'의 역할을 하고 있다. 우리가 그의 미학을 그의 철학 일반에 위치시키면서 예술이 표현하는 것을 '괴물성'으로 본 것은 그러므로 이 '징후'에 의해 정당화될 수도 있을 것이다.

과연 '괴물성'과 '질병'은 특별한 관계에 있는 것인가? 이 둘은 공통적으로 '같음과 다름'의 문제와 관련이 있다. 우리와 비슷한 것은 '같음' 쪽에, 그렇지 않은 것은 '다름' 쪽에 분류하면, '같은 것'은 우리와 같은 유를 구성하고 '다른 것'은 괴물이 되며, '같은 쪽'에 분류되는 상태는 '건강'한 상태이고 '다른 쪽'에 분류되는 상태는 '병든' 상태가 되는 것이다. 이후로 여러 가지 구분이 뒤따라 나온다. 선과 악이라는 도덕적 구분, 미와 추라는 미학적 구분, 사회적인 배제, 감옥과 병원의 탄생, 보상과 처벌 등. 괴물과 질병 사이의 차이라면, 질병은 경우에 따라 정체성이 확립되어 있으며 따라서 그 '타자성'에 정도가 있다는 것일 것이다. 모든 질병이 처음부터 질병으로 인식된 것은 아니다. 광기에 대한 의학적 관심은 그것을 질병으로 인식한 이후에 비로소 발전하기 시작한 것과 마찬가지이다.[34] 다시 말해 '미친 사람'은 '광기'가 질병으로 인식되고 나서야 비로소 '환자'로 취급되기 시작한 것이며, 그 전에는 '괴물'이었던 것이다. 이렇게 괴물성과 질병은 약간의 편차를 두고 소통하는 개념들이다. 다시 말해서, 이름 없고 자기 자리에 없는 타자인 '괴물'은 '질병'으로 인식되면서 '다룰 수 있는' 타자가 되는 것이다. 괴물이 우리 '너머' 또는 우리 '아래' 있다면, 질병은 푸코의 말대로 '우리의 한가운데로 들어와' 있는 것이다. '괴물'이 절대적 타자라면 '질병'은 상대적 타자라고 할까? 그러므로, '말할 수 없음'을 말하기 위해 '질병'이 필요한지도 모르겠다.

실제로 아르토(Antonin Artaud), 고흐(Vincent van Gogh), 횔덜

---

34) Michel Foucault, *Maladie mentale et psychologie*, PUF, 1954, p.94 참조.

린, 랭보(Jean N. A. Rimbaud) 등, 상당수의 예술가들이 실제로 정신병을 앓았으며, 예술적 창작을 위해서 병리적 이미지를 활용하기도 했다. 베이컨(Francis Bacon)의 작업실에서는 병리에 대한 책자와 여러 병리적 이미지들이 발견되기도 했다. "베이컨은 법의학적 병리학, 피부병, 외과학, 그리고 여러 다른 의학적 질문들에 큰 관심을 가졌다. 피부병에 대한 이 책은 그의 작업실에서 발견된 수많은 의학 매뉴얼 가운데 하나이다. 이런 종류의 이미지들이 화가의 예술적 상상력을 자극했고 1980년대의 그의 회화들 가운데 여럿이 이 삽화들로부터 영감을 받은 벌어진 상처들을 표현하고 있다."[35] 그리고 병리적 이미지로부터 영감을 받은 이런 회화들은 안토니오 사우라(Antonio Saura)가 정확히 지적하고 있듯이 '기괴한' 이미지를 구현하게 된다. "분해와 형성 사이를 오감으로써, 기괴한 존재와 소통하는 어떤 있음직하지 않은 것을 화석화하는 듯한 결과를 낳는다."[36] 그러므로 결과적으로 다음과 같이 말할 수 있으리라. "광기에 대한 (들뢰즈의) 관심은 그 '기괴한 진실'을 표현하기 위한 한 방법에 대한 것이었을 것이다"라고.

질병과 되기

그렇다면 병리학적인 관심과 들뢰즈의 '되기'(devenir-) 개념은 어떤 관계를 가지고 있을까? 우선 '됨'을 운동과 연관시킨다면, 의학사에서 질병을 운동과 연관시키는 것은 낯선 일이 아니다. 아리스토텔레스는

---

35) Perry Ogden, *L'Atelier de Francis Bacon*, Thames and Hudson, 2000, p.116.
36) Antonio Saura et al., *Francis Bacon*, Galerie Lelong, 1999, p.29.

이미 "질병은 운동이며 건강은 정지이다"라고 말한 바 있다.[37] 즉, 질병을 운동과 연관 짓는 것은 정지의 체제에 들어오지 않는 모든 것을 배제하는 철학적 전통에서 비롯되는 것이다. 그르멕은 이를 다음과 같이 풀어 설명하고 있다. "그리스의 의사들에게 있어서 질병은 더 이상 어떤 존재도 아니고, 어떤 상태도 아니며 일종의 과정이다: 질병은 시간적인 차원을 가지고 있는 것으로 …… 규칙적인 간격을 두고 나타나는 고비들로 나누어지는 과정이다."[38] 이렇게 본 질병은 건강과 분명히 대조적인 한 상태로 이해되며, 이에 따라 인간의 상태는 건강한 상태와 병든 상태의 둘로 나누어진다. 들뢰즈의 철학을 쉴 새 없는 운동으로 오해하기는 쉬운 일이다. 그래서 들뢰즈의 '되기' 개념 역시 어떤 상태에서 다른 상태로 변하는 운동으로, 다시 말해 고전적 의미의 질병 개념으로 오해되기 쉽다. 그러나 들뢰즈가 밝히고 있는 이 '되기'는 전혀 그런 운동상태를 말하는 것이 아니다.

> 되기는 어떤 형태(또는 형상)에 다다르는 것(동일화, 모방, 미메시스)이 아니다. 그것은 우리가 더 이상 (부정관사) 여성과 동물과 분자와 구분될 수 없는 그런 이웃 영역, 분간할 수 없고 분화되지 않은 영역을 찾는 것이다.[39]

---

37) Aristote, *Problèmes* VII, 4, établi et traduit par Pierre Louis, Belles lettres, p.124 ; Mirko D. Grmek, "Le Concept de maladie", *Histoire de la pensée médicale en Occident*, Seuil, 1995, p.219.
38) Ibid., pp.219~220.
39) Deleuze, "La Littérature et la vie", *Critique et clinique*, Minuit, 1993, p.11.

즉, '되기'는 내가 어떤 여자가 되거나 어떤 동물이 되는 것이 아니며, 내가 어떤 여자나 어떤 동물을 모방하거나 그 존재와 동일화되는 것이 아니다. 그것은 내가 이미 내가 아니고 그 여자가 이미 그 여자가 아닌 한에서 서로 소통하는 영역을 찾는 것이다. 그러므로 들뢰즈의 철학이나 그의 '되기' 개념은 쉴 새 없는 운동이 아니며, 정지와 대립되는 의미에서의 운동이나 그런 의미에서의 질병과는 관계가 없다. 되기의 영역은 오히려 정지와 운동 '사이'이며 더 나아가서는 정지와 운동을 가능하게 하는 원리로서의 그 '너머'이다. 우리가 질병이나 병리적 현상에 관심을 갖는 것은 그것이 이러한 동일자들 '사이' 또는 그 '너머'의 어떤 분간할 수 없는 영역에 이르도록 하는 방법을 제시할 수 있다는 측면에서이지, 건강한 상태를 지향하는 과정이라는 의미에서가 아니다.

되기와 분열증

질병과 기괴성, 그리고 '되기' 개념과의 연관성을 알아본 지금, 우리는 좀더 구체적으로 이 관계에 접근하기 위해 들뢰즈와 가타리가 자본주의를 연구하기 위해 도입한 정신병인 '분열증'에 주의를 집중하기로 하겠다.

질병은 그 정체성이 완전히 밝혀진 경우가 있는가 하면 질병으로 인식은 되었지만 여전히 정의되지 않은 채 미지의 영역으로 남겨진 경우도 있다. 특히 정신병의 경우에는 병에 접근하는 이론이 다양하고 이 이론들 사이에 합의가 이루어지기도 어렵기 때문에 더욱더 그러하다. 히스테리의 경우, 플라톤이 자궁의 희랍어인 'bustera' 또는 'hystera'

로부터 병명을 만들고 또한 여성의 병으로 정의 내린 이후, '왜 남자에게도 히스테리가 관찰되는가'로부터 시작해서 과연 '어떤 증상이 히스테리를 구성하는가'에 이르기까지 여러 가지 의문이 제기되어 오다가, 결국 플라톤의 상상에 근거해 정의된 히스테리는 그 실체가 없는 것으로 이해되어 오늘날에는 정신과에서 쓰는 매뉴얼에서 그 병명이 사라지기에 이르렀다.

분열증의 경우는 더 말할 것도 없이, 정의상 그에 대한 정의가 어려운 질병으로 정체성을 찾기가 더욱더 힘들다. 블로일러(Paul Eugen Bleurer), 민코프스키(Eugène Minkowski)에 이르기까지 분열증을 정의하려는 노력이 있었지만, 이 질병은 이성에 복속되지 않았다. 정신병들에 대한 이런 어려움 때문에, 이 영역에서는 잠정적으로나마 이론적인 합의를 기대하는 대신, 증상들에 대한 관찰과 통계에 근거한 매뉴얼을 만들어 그것을 정신의학의 표준으로 삼기 시작했다. DSM[40]이 바로 그러한 예이며, 이 매뉴얼은 1970년대 이래 큰 성공을 이루고 있다.[41] 이 매뉴얼의 성공은 정신병들이, 특히 분열증이 정의를 벗어나는 질병이라는 것, 우리의 이해력 밖에 존재하는 질병이라는 것을 간접적으로 보여 주고 있다. 분열증을 진단하는 기준을 잠깐 살펴보면 이런 생각을 확인할 수 있다.

---

40) 'Diagnostic and statistic manuel'의 약자로 규칙적인 개정이 이루어져 오늘날에 이르고 있다.
41) American Psychiatric Association, *D.S.M. III-R : Manuel diagnostique et statistique des troubles mentaux*, Masson, 1989, avant-propos, p.V.

분열증 진단 기준

1. 다음 증상들 가운데 둘 이상

　　ⓐ 망상 ⓑ 초기 단계의 환각 ⓒ 연결작용이 부적합하거나 느슨해
　　짐 ⓓ 긴장성 행동 ⓔ 전반적으로 적절하지 않거나 둔마된 감정

2. **이상한 망상**(다시 말해서, 죽은 사람의 영향력 하에 있다는 생각 또는 자기 생각의 누설과 같이 환자의 문화에서 일어날 법하지 않은 현상을 포함하는 것) …… 전구증상 또는 잔류증상

　　ⓐ 사회적 고립 또는 자기 자신으로의 후퇴

　　ⓑ 직업, 가정, 학업 또는 대학 기능 장애

　　ⓒ 명백히 **이상한 행동**(예를 들어 쓰레기를 모은다든지, 공중 장소에서 자기에 대해 말한다든지 음식물을 사재기하는 등의 행동)

　　……

　　ⓖ **이상한 믿음** 또는 마술적 사유로 문화적인 규범과 맞지 않는 행동에 영향을 줌. 예를 들어, 미신, 혜안, 텔레파시, '육감', '다른 사람이 내 감정을 느낄 수 있다', …… 등의 믿음.

　　ⓗ 예사롭지 않은 지각 경험, 반복적인 환상, 실재로는 부재하는 사람 또는 힘의 존재를 느낌.[42]

　　여기서 가장 눈에 띄는 단어는 '이상한'(bizarre)이라는 단어일 것이다. 몇 가지 '이상한' 행동의 예가 나와 있지만, 이런 식으로 '이상한' 것으로 분류할 수 있는 행동들은 수도 없이 많을 것이며, 시대와 장

---

42) American Psychiatric Association, *D.S.M. III-R*, pp.219~220. 강조는 인용자.

소에 따라 달라질 것이다. 그렇다면 과연 누가 어떤 행동을 이상하다고 정의하는가? 다음은 어느 자폐증 환자를 관찰한 정신과 의사의 보고서이다.

> 저는 오늘 여러분에게 흥미로운 케이스를 소개하겠습니다. 여러분 앞에는 보시다시피 얼굴과 몸이 매우 마른 스물넷의 한 사환 아이가 있습니다. 그녀는 쉴 새 없이 움직이고 있습니다. …… **만약 우리가 그녀를 세우려고 하면**, 그녀는 놀랍도록 강하게 저항합니다. **만약 제가 그녀 앞에 서서 팔을 벌리고 그녀를 세우려고 하면**, 그녀는 나를 밀치고 내 팔 밑으로 내려가 계속 걷습니다. **만약 우리가 그녀를 강하게 잡으면**, 그녀의 무표정한 얼굴은 일그러지며 울기 시작합니다. …… **만약 우리가 그녀의 이마를 바늘로 찌르면**, 그러자마자 그녀는 얼굴을 찌푸리며 돌아섭니다.[43]

이 보고서에 나타난 그녀는 물론 이상해 보이는 행동을 한다. 그러나 그것은 누가 유발한 것인가? 우리는 오히려 그녀를 억지로 세우려고 하거나 이마를 바늘로 찌르는 의사가 그 행동을 유발한 것이 아닌지 의심할 수 있다. 즉, 우리는 누군가를 단지 우리의 이해력 안으로 들어오지 않는다고 하여 '이상하다'고 규정하고 '병자'로 진단할지도 모르는 일이다. 들뢰즈가 정확히 말한 바처럼, "인격의 유리, 자폐증, 현실

---

[43] Ronald David Laing, *La Politique de l'expérience*, Editions Stock, 1980, pp.75~76 재인용. 강조는 인용자.

성의 상실은 무엇보다 분열증 환자의 말을 듣지 않기 위해 고안된 편리한 용어들이다".[44)] 어쩌면 우리의 이성에 편입되지 않는 이 분열증이 바로 우리 자신일 수 없는 우리의 무능력을 증명하는 괴물성에 다름 아닐지도 모른다. 그렇다면 들뢰즈는 이 분열증을 어떻게 이해하고 있을까? 그는 프로이트를 인용하며 히스테리와 분열증을 다음과 같이 보고 있다.

> 프로이트는 히스테리 환자나 집착증 환자는 양말을 질과 비교한다든지 흉터를 거세와 비교할 수 있는 사람들이다. …… 그러나 피부를 관능적으로 다수의 모공, 작은 점들, 작은 흉터들, 작은 구멍들로 포착한다든지, 양말을 관능적으로 다수의 그물코들로 포착하는 것은 정신병자들은 할 수 있는 것이나 신경증 환자들은 할 수 없는 것이다. 양말을 질과 비교하는 것은 여전히 괜찮다. 그것은 우리가 언제나 하는 일이다. 그러나 그물코의 순수한 전체를 질의 장과 비교하는 것은 어쨌든 미치지 않고는 되지 않는다. 이것이 바로 프로이트가 말한 것이다.[45)]

들뢰즈는 이를 프로이트가 말한 바라고 했으나, 이 프로이트는 이미 들뢰즈라는 체를 거친 것이다. 보통 들뢰즈는 프로이트를 다음과 같이 평가하고 있기 때문이다. "프로이트는 신경증과 정신병 사이에 단

---

44) Deleuze, *Deux régimes de fous*, Minuit, 2003, p.26.
45) Deleuze et Guattari, *Mille plateaux*, Minuit, 1980, p.39.

순한 구분을 제시한다. 그에 따르면 신경증에서는 현실 원리가 보존되나 …… 정신병에서는 현실을 파괴함으로써 콤플렉스가 의식에 드러난다.……"[46] 정신병자를 어떤 다수성(multiplicité)을 포착할 수 있는 존재로 이해한다는 것, 이것은 순수하게 들뢰즈적인 관점이다. 다시 말해서 분열증이란 정체성이 확립되고 동일자로 인식되기 바로 직전의 존재의 다수적 상태를 포착할 수 있는 임상적 상태라고 부를 수 있겠다. 그렇다면 바로 '분열-되기'가 예술의 방법이자 원리가 될 수 있지 않을까? 그런데 왜 임상적인 분열증 환자는 고통스러워하는가? 들뢰즈가 말하는 임상적인 상태로서의 분열증과 과정으로서의 분열증의 차이는 어디에 있는 것일까? 랭은 "어떤 초월적 경험은 모든 종교의 정당한 원천인 것처럼 보인다. 몇몇 정신병 환자들은 이런 경험을 한다"고 말했다.[47] 스스로 생산하는 다수성 자체를 포착하는 경험을 초월적 경험(expérience transcendantal)이라고 본다면, 이는 공통적으로 종교와 정신병과 차이의 철학에서 경험되는 것일 수 있겠다. 이들은 어디에서 갈라지는 것일까? 랭은 분열증을 잠시 경험한 한 친구에게 이런 경험을 하고 있는 사람에 대한 치료의 원칙에 대해 물었다. 그 친구는 다음과 같이 대답한다.

내 생각에는, 만약에 어떤 사람이 이런 종류의 경험을 해야 한다면, …… 뭐라고 해야 할까, …… 음, 그 사람한테는 이 두 세계에서 그를

---

46) Deleuze, *Deux régimes de fous*, p.23.
47) Laing, *La Politique de l'expérience*, p.95.

도울 수 있는 사람이 있어야 할 것 같아. 그가 살아남을 수 있기 위해서는 그가 지금 있는 세계와 그가 떠난 세계와의 접촉을 유지해야 하는데, 이건 엄청난 노력을 요하는 일이고, 그가 언제나 그걸 감당할 수 있는 건 아니거든.[48]

'자아'(moi)와 '비인칭적 자아(soi)' 사이, '경험'과 '선험' 사이에 있는 분열증 상태를 견디는 것에는 엄청난 노력이 필요하기 때문에, 어떤 사람은 이 선험을 신으로 인격화하여 종교적 신앙심으로 견디고, 어떤 사람은 이 사이에서 길을 잃고 정신병자가 되는 것이다. 그들은 태양을 보았으나 너무 눈이 부셔 외면한 자들이 아닐까? 만일 우리가 충분히 강하다면 이 두 세계 사이에서 길을 잃지 않고, 니체처럼 분열-되기를 실천하는 삶을 살 수 있을 것이다.

> 환자에게서 보다 건강한 개념들, 보다 건강한 가치들을 관찰하는 것, 다음으로는 역으로, 풍부하고 확신에 찬 풍요로운 삶의 높이로부터, 쇠퇴(décadence) 본능의 비밀스러운 작업에 시선을 던지는 것, 바로 이것이 내가 오랫동안 해온 실천이며, 나의 특수한 경험을 만드는 것, 내가 누구보다도 잘할 수 있는 것이다. 적어도 내가 관여하는 맥락에서는. 이제 나는 관점들을 전복시킬 수 있는 기법을 안다.[49]

---

48) Laing, *La Politique de l'expérience*, p.111.
49) Friedrich Nietzsche, *Ecce Homo*, trad. Alexandre Vialatte, Gallimard, 1942, p.20 (들뢰즈가 인용한 텍스트임); Deleuze, *Logique du sens*, pp.202~203.〔이정우 옮김, 『의미의 논리』, 한길사, 2000 참조.〕

관점들을 전복시킬 수 있는 기법, 두 세계를 넘나드는 기법, 선험적 경험을 하고도 길을 잃지 않는 기법. 이것들은 동일한 기법이며, 분열-되기로 경험할 수 있는 것들이다. 환자는 고통스러우나, 분열-되기를 실천하는 자는 이를 즐길 수 있다. 들뢰즈가 "미친 사람들의 회화는 반대로 종종 홀로 설 수 있다"[50]고 말할 때, 그것은 이들이 두 세계 사이에서 길을 잃지 않고, 그들의 통찰을 화면에 옮길 수 있는 순간이 있다는 것을 말하는 것이다.

맺음말 : 미메시스와 되기

'들뢰즈의 미학이 가능한가' 라는 질문을 던져 놓고, 우리는 매우 거칠게 들뢰즈 사유 전반 속에서 들뢰즈의 '미학' 이라고 불릴 수 있는 지점을 설정하려고 노력했다. 들뢰즈가 생각한 예술이란 무엇인가로부터 시작하여, 예술이 표현하는 것과 표현하는 방법과 원리에 이르렀다. 기괴성과 분열증이라는 형상(Figure)을 통하여 이 두 가지 질문에 대답하려고 노력하였다. 이제는 맺음말을 대신하여, 이 '되기' 라는 개념이 '미메시스' 에 대한 하나의 예술 원리가 될 수 있는지, 그리고 된다면 그 함의는 무엇인지를 살펴보도록 하겠다.

들뢰즈가 명시적으로 이 '되기' 를 '미메시스' 에 대한 것으로 놓았다는 것은 이미 앞선 인용문에서 본 바 있다. 이는 '되기' 라는 개념이 '무엇이었던 것이 무엇으로 되다' 로 이해되기가 쉽기 때문일 것으로

---

50) Deleuze et Guattari, *Qu'est-ce que la philosophie?*, p.156.

보인다. 이 개념의 함의를 정확히 하기 위해 '미메시스'에 대한 버처의 주석을 살펴보기로 한다. 버처는 아리스토텔레스의 미메시스가 '해방의 원리'(principe d'émancipation)라고 해석한다. 그에 따르면 플라톤은 예술의 임무를 이미 이데아의 모방인 이 세계를 가장 잘 표상하는 것으로 규정지은 반면, 아리스토텔레스는 예술에 고유한 영역, 즉 판타시아를 복권시킴으로써, 예술을 실재로부터 해방시켰다고 말한다.[51] 그런데 이러한 해석은 두 가지 문제를 야기한다. 첫째, 이로부터 순수 사유의 영역과 환상(illusion)의 영역이 나뉜다는 것이며, 둘째, 알려져 있다시피, 이 환상의 영역에 다시 실재의 모방보다 더 엄격한 예술의 법칙들(règles d'art, teknē)이 개입한다는 것이다. 첫째 문제로부터는 예술이 판타시아를 그 영역으로 할당받자마자 순수 사유의 영역을 담당하는 철학과 종교에 비해 하위에 위치한다는 결과를 낳으며, 둘째 문제로부터는 소위 실재로부터 해방된 예술이 다시금 예술에 고유한 법칙에 종속된다는 결과를 낳는다. 순수 사유보다 하위이며 또한 법칙에 종속된 예술이 과연 우리에게 진정한 해방의 원리가 될 수 있을까? 흥미로운 것은 우리가 '되기'의 함의를 찾는다 해도 그것은 다름 아닌 해방의 원리일 것이라는 데 있다. 버처가 생각한 해방과 들뢰즈가 생각한 해방은 어디에서 차이나는 것일까?

들뢰즈는 "항상 문제는 삶을 그것이 갇혀 있는 곳으로부터 해방시키는 것"[52]이라고 말한다. 들뢰즈의 마지막 논문 제목(L'Immanence:

---

51) Samuel H. Butcher, *Aristotle's Theory of Poetry and Fine Art*, Dover Publications, 1951, pp.127~128 참조. Jacques Aubert, *Introduction à l'esthétique de James Joyce*, Didier, 1973, p.125에 인용되어 있음.

une vie…)이 보여 주듯이, 들뢰즈가 긍정하는 것은 비인칭적인 삶(une vie)이지, 구체적으로 영위되는 삶(sa vie)이 아니다. 구체적인 삶을 부정한다는 것은 아닐지라도, 그 삶의 예속성, 배제성, 인과성 등을 구속으로 보는 것이 아닐까? 동일성만을 긍정하는 삶, '나 자신의 형태와 세계와의 통사적 관계'에 묶여 있는 삶에게는 '비인칭적 삶'으로의 해방이 필요하다. 그리고, "삶은 (이 과제를) 스스로 실현할 수 없기 때문에, 예술이 …… 삶의 궁극적인 목적이 된다".[53] 이에 예술이 해방의 원리로 등장할 수밖에 없으며, 이는 구체적으로는 나와 너 사이의 분간할 수 없는 어떤 영역을 찾는 것이 그 목적인 '되기'를 그 원리로 요청하게 되는 것이다. 분간할 수 없고 아직 분화되지 않았지만, 어떤 의미에서 아주 정확하게 미분화(différentié)되어 있는 이 영역을 들뢰즈는 잠재성이자 실재라 불렀다. 즉, 이렇게 되면, 예술은 순수 사유 영역 하위에 위치할 필요도 없으며, 실재를 모방하거나 환상으로 도피할 필요가 없이, 오히려 모방이나 도피에 갇혀 있는 삶을 순수 사유로 해방시키는 해방의 원리가 되는 것이다. 그러나 유의해야 할 것은, 아직 분화되지 않은 이 영역이 무엇이나 다 가능하다는 의미에서의 해방은 아니라는 점이다. 들뢰즈는 이 영역에 대해 라이프니츠적으로 '판명하고-모호하다'(distinct-obscur)고 표현한다. 이미 미분화되어 있다는 의미에서 판명하고, 분화되지 않았다는 의미에서 모호하다. 화가 베이컨이 항상 어떤 '아주 애매한 정확성'(précision très ambiguë)을 표현하고자 노

---

52) Deleuze et Guattari, *Qu'est-ce que la philosophie?*, p.158.
53) Deleuze, *Proust et les signes*, PUF, 1979, p.186.

력한다고 말했을 때, 바로 그 아주 애매한 정확성이 이 판명하고-모호한 영역일 것이다. 이 잠재적 실재는 그러므로 현실이 포함하고 있는 것으로서의 정확한 그 무엇이다. 이 정확한 힘을 포착하는 것이 예술이며, 예술의 '되기' 원리는 그 어떤 조건도 없는 삶에 대한 순수한 해방의 원리이다. 바로 이것이 예술이, 그리고 그 기괴성이 가지고 있는 윤리적 비전이라고 할 수 있겠다.

GILLES DELEUZE

부록

들뢰즈의 「내재성 : 비개인적 생명...」

「내재성 : 비개인적 생명...」("L'Immanence : une vie...", *Philosophie*, n° 47, Minuit, 1995, pp.3~7)은 들뢰즈가 생을 마감하기 전 최후에 씌어진 논문으로 알려져 있다. 네 쪽 반이라는 짧은 논문이지만, 들뢰즈의 철학을 가장 깊이 있게 요약한 논문이며, 특히 내재성의 면과 선험적 장, 내재성, 비개인적 생명, 전(前)반성적 의식 등 들뢰즈의 철학을 이해하는 데 중요한 단서가 되는 많은 개념들이 자세히 설명되어 있다는 점이 중요하게 여겨진다.

선험적 장이란 무엇인가? 그것은 대상을 지시하지도 않고 주체에 속하지도 않는다는 의미에서(대상과 주체는 경험의 표상이다) 경험과 구분된다. 그래서 이것은 반-주관적 의식의 순수한 흐름으로, 즉 비인칭적 전반성적 의식, 자아가 없는 의식의 질적인 지속으로 나타난다. 이러한 선험이 그러한 직접적인 소여로 정의된다는 것이 이상해 보일 수 있다 : 우리는 이를, 주체와 객체로 세계를 만들어 내는 모든 것에 대립하여, 선험적 경험론이라 부를 것이다.

이 단락에서 언급해야 할 첫번째 개념은 'Champ transcendantal' 로서, 여기서는 '선험적 장'이라 번역했는데, 사실은 'Transcendantal' 을 '선험적'이라 부를 것인지 '초월적'이라 부를 것인지에 대한 이견이 있다. 이 단어는 칸트에 고유한 개념으로 칸트가 만든 것이며, 들뢰즈 가 이 단어를 선택한 데에는 칸트의 유산을 일면 상속받는다는 뜻이 들 어 있기 때문에, 단어의 이해도 칸트 철학으로부터의 이해와 무관해서 는 안 된다. 칸트에게서 사용된 바 그대로, 들뢰즈도 이 개념을 '-을 가 능하게 하는'의 뜻으로 사용한다(이에 대해서는 들뢰즈의 『칸트의 비판 철학』을 참조하는 것이 좋다). 이는 들뢰즈가 항상 염두에 두고 있는 그 '차이 존재'가 바로 '-을 가능하게 하는' 존재라는 뜻이며, 이것은 '잠 재적인 것'으로 이후 단락에서 다시 설명된다. 즉 잠재적인 것의 존재 가 바로 현실적인 존재들을 '가능하게 하는' 존재라는 것이다. 그런데 이를 선험이라 부를 것인가, 초월이라 부를 것인가? 칸트학회에서는 'Transcendantal'을 '초월' 혹은 '선험' 두 단어로 부르기로 하고, 'Transcendant'을 '초재'로 부르기로 했다고 한다. 그런데 들뢰즈를 공부하는 쪽에서는 'Transcendantal'을 어떻게 부를 것인지 합의된 것 같지 않다. '초월'로 부르는 쪽은 들뢰즈 철학이 'Empirisme transcendantal'로 불리는바, 'Transcendantal'을 선험으로 부르면 '선험적 경험론'이라는 말이 모순이라는 이유를 든다. 하지만 '초월적 경험론'은 덜 모순적일까? 나는 'Transcendantal'을 선험으로 부르는 것이 더 좋다고 보는데, 그 이유는, 들뢰즈가 보는 그 '-을 가능하게 하 는 존재'가 바로 내재성이며, 그로부터 현실화된 존재들은 내재성에 비하여 '초월된 것들'이라고 들뢰즈 스스로 설명하고 있기 때문이다

(이 설명은 이어지는 들뢰즈의 문단에 나온다).

이 단락에서 두번째로 주목해야 할 점은 바로 비인칭적 전(前)반성적 의식(conscience préréflexive impersonnelle)에 대한 언급이다. '반-주관적 의식의 순수한 흐름으로, 즉 비인칭적 전반성적 의식, 자아가 없는 의식의 질적인 지속'이란 무엇일까? 보통 철학에서 의식을 말할 때, 그것은 표상과 동일시되는 재인식으로서의 의식을 가리킨다. 프로이트가 발견한 그 심급을 굳이 '무-의식'이라 일컫는 것도 바로 '의식'에 대한 이러한 선이해 때문일 것이다. 그런데 비인칭적 전반성적 의식이란 무엇이며 이는 어떻게 가능한가? 그것은 전반성적이기 때문에 표상 혹은 재인식으로서의 의식과 다르며, 비인칭적이기 때문에 무의식과도 다르다(그것은 집단적이지도 않으며, 그 어떤 한계도 갖지 않는다). 이러한 의식에 대한 구체적인 그림은 베르그송에게서 찾는 것이 좋아 보인다. "베르그송이 무엇보다도 먼저 지속을 의식과 동일한 것으로 발견한 사실은 잘 알려져 있다. 의식에 대해 매우 깊이 있게 이루어진 연구는 그로 하여금 의식이 전체를 향해 열리면서, 전체의 열림과 일치하면서만 존재한다는 것을 증명하도록 유도하였다. …… 〈무언가가 살아 있는 곳이면 어느 곳에든, 어딘가 열려 있는, 시간이 기재되는 '장소'(registre)가 존재한다.〉"[1] 열린 전체, 들뢰즈가 보기에 바로 이것이 전반성적 의식이며, 베르그송에게 이 의식이 지속과 동일시되었다는 것이다. 이러한 전반성적 의식은, 전체 혹은 개방과 연관되면서

---

1) 질 들뢰즈, 유진상 옮김, 『시네마 1 : 운동-이미지』, 시각과언어, 2002, 24쪽. 꺾쇠 안의 내용은 들뢰즈의 베르그송 인용으로 상트네르(Centenaire)판 『창조적 진화』(L'Évolution créatrice), 508쪽에 있다.

들뢰즈에게 가장 중요한 테마들 가운데 하나를 구성한다. 들뢰즈가 반복적으로 강조하는 바와 같이 이러한 전반성적 의식은 "객관적이고 총체적인 포착들이며, [이에 반하여] 사물에 대한 [개인적] 지각은 부분적이고 편파적이며 주관적인 포착"[2]이 된다. 즉 우리가 흔히 알고 있는 그 반성적 '의식'은 부분적이고 편파적이며 주관적인 포착일 뿐, 맹신할 것이 못되는 것으로, "나머지 것들은 모두 생략하면서, 선택된 특권적인 한 면 위에서만 지각하고 흥분을 수용"하는 의식이다.[3] 이처럼 들뢰즈가 내세우고 있는 전반성적 의식과 동일시되는 지속의 세계는 현대 과학이 발견해 낸 (눈에 보이지 않는 잠재적인 것의) 세계로서,[4] 눈에 보이는 세계를 재인식하는 반성적 의식과 그 의식의 표상을 가능하게 하는 세계이며, 없는 세계가 아니지만 현실적인 것으로는 보이지 않는 실재하는 세계이다. 그리고 바로 그러한 이유로 들뢰즈는 이 세계를 직접적인 소여라고 부르는 것이며, **이상하게도** (현실적인 것을 가능하게 한다는 의미에서) 선험적이면서, (직접적으로 주어지는 실재하는 세계라는 의미에서) 경험적인 세계라고 말하는 것이다. 그리하여 들뢰즈의 철학은 '선험적 경험론'으로 불리게 된다.

그러나 선험적 장과 의식의 관계는 단지 권리에 의한 것이다. 의식은 주체가 그 대상과 더불어 생산될 때에만 사실이 된다. 장 밖의 모든 것은 '초월자'이다. 반대로, 의식이 선험적 장을 사방으로 퍼져 나가는 무한한 속도로 가로지르는 한, 의식을 드러낼 수 있는 것은 아무것도 없다. 의식은 주체가 의식으로 하여금 대상을 지칭하도록 할 때 이 주체에 스스로를 투사하는 방식으로만 자기를 나타낸다.

이 단락은 앞서 설명한 전반성적 의식이 사실에 있어서가 아니라 권리에 있어서 의식일 뿐이며, 그것이 지각하는 개체에 사로잡혀 대상을 지칭하게 될 때 사실이 되고, 이 상황에서 주체에 스스로를 투사하는 방식으로만 스스로를 드러낸다는 설명을 하고 있다. 이 설명에서 주목하고 싶은 표현이 있는데, 그것은 바로 '사방으로 퍼져 나가는 무한한 속도'이다. 들뢰즈는 이런 표현을 자주 쓰는데, 이 표현은 들뢰즈가, 베르그송과 마찬가지로, '현대 과학에 대한 철학'을 수행하고자 했다는 사실을 보여 주는 것이다. 왜냐하면 속도와 빛은 분명 과학적 개념이며, 들뢰즈는 현대의 과학적 성과를 그의 존재론과 형이상학에서 재개념화하고 있기 때문이다. 전반성적 의식이 '사방으로 퍼져 나가는 무한한 속도'라면, 개체적 의식은 무엇이며 또 어떻게 탄생했을까? 들뢰즈의 설명을 들어 보자. 개체들, 개별 생명체들이란 "〔우주적〕 빛의 확산에 장애가 되는 최초의 불투명성, 최초의 화면들과 상관적 관계를 지닌 내재성의 면의 냉각"으로 탄생한다.[5] 즉, 개체들은 불투명성이며, 이는 우주의 냉각과 관련된다; 냉각된 우주에서 입자들의 속도는 느려

---

2) 들뢰즈, 『시네마 1 · 운동-이미지』, 125쪽.
3) 같은 책, 125~126쪽.
4) "베르그송의 깊은 바람이 근대 과학에 대한 철학을 수행하는 일이었음을 돌이켜 본다면 (이 과학에 대한 반성, 즉 인식론의 의미에서가 아니라 반대로 과학의 새로운 상징들에 상응할 수 있는 자율적인 개념들의 창안이라는 의미에서 그러했다), 우리는 베르그송과 아인슈타인의 대면이 불가피했음을 이해하게 된다." (같은 책, 119쪽)
5) 들뢰즈의 과학에 대한 참조는 두드러진다. 다음 구절을 보자. "게다가 생물학자들은 생물체를 가능하게 해준 '생명 이전의 수프 상태'에 대해 거론해 온 바 있는데 그 상태 안에서는 우선성(右旋性) 또는 좌선성(左旋性)으로 불리는 물질들이 본질적인 역할을 담당하고 있다: 이로부터 중심이 부재하는 우주에 축과 중심의 윤곽이, 즉 왼쪽과 오른쪽, 위와 아래가 만들어진다. …… 생물학자들은 지구가 아주 뜨거웠을 때에는 이런 형상이 아직 일어날 수 없었다고 말한다." (같은 책, 123쪽)

지며 이에 따라 응축 과정을 거쳐 액체와 고체가 생겨난다; 개별 생명체들은 느리고 비교적 차가운 존재들이 된다. 그러므로 (주관성이 있다는) 우리는 '느린' 존재이다.[6] 사방으로 퍼져 나가는 무한한 속도의 '빛'이 우리의 모태이고, 우리는 '어둠', 또는 어두운 화면이다. 이는 또한 전통적인 인식론과의 단절을 보여 주는 지점이기도 하다. "여기에 빛을 정신의 편에 두었던, 그리고 의식을 태생적 어둠으로부터 사물들을 끌어내는 빛의 다발로 여겼던 모든 철학적 전통과의 단절이 존재한다."[7] 전통적인 인식론적 사유를 극명하게 나타내는 단어가 바로 '계몽의 시대'인데, 이 시대가 원어 그대로 보면 '빛의 시대'이다. 의식적 계몽이 바로 빛이라는 함의를 가지고 있는 것이다. 그러나 베르그송 이래 들뢰즈에게서는 의식적 존재는 불투명한 차폐막이 되고, 차폐막으로 가려지기 이전(논리적 의미에서)이 바로 무한한 속도의 빛이 된다. 그런데 이 빛은 그 스스로는 드러나지 않기 때문에 불투명한 생명체들을 물들이는 방식으로 스스로를 드러낸다. 그것이 바로 "의식은 주체가 의식으로 하여금 대상을 지칭하도록 할 때 이 주체에 스스로를 투사하는 방식으로만 자기를 나타낸다"는 말의 의미이다.

초월(le transcendant)은 선험(le transcendantal)이 아니다. 선험적 장에서 의식을 빼면, 이 장은 순수한 내재성의 면으로 정의된다. 왜냐하면 이 면은 대상 못지않게 주체의 모든 초월을 피하기 때문이다. 절대적 내재성은 그 자체로 있다: 그것은 어떤 것 안에 있지도 않고, 어떤 것에 속하지도 않으며, 대상에 의존하거나 주체에 속하지 않는다. …… 내재성의 면 밖으로 떨어진 주체와 대상이 보편적 주체나 어떤 대상으로 취해지고 여기에 내재성이 할당되는 것, 이러한 것이 바로 (칸트에게서 이러했는데) 경험적인 것을 이중화하는(중복하는) 것에 불과한 선험의 변질이다.

들뢰즈에 대한 연구를 시작하거나 들뢰즈에 관심을 갖게 되는 초기에 들뢰즈의 개념을 접하면서 가장 많은 오해가 개입되는 지점이 여기인 것 같다: 들뢰즈의 '내재성'은 '그 자체로' 있는 것이지, '-에 내재하는 것'이 아니다. 즉, 내재성은 우리의 경험 '에', 우리라는 주체 '에', 혹은 우리가 지각하는 대상 '에', 혹은 우리가 사는 세계 '에' 내재하는 것이 아니다. 그런데 우리는 언어적 습관에 의해, 들뢰즈가 말하는 이 '내재성'이라는 것이 우리의 경험 '에' 내재한다고 말들을 한다. 그러나 이를 언어적 습관이라고만 치부하기에는 그 문제가 아주 크다. 왜냐하면 이렇게 내재성을 '-에' 내재하는 것으로 꾸겨 넣은 것이 바로 철학의 역사였다고 들뢰즈는 말하기 때문이다. "데카르트 이래로, 칸트와 후설과 더불어, 코기토는 이 내재성의 면을 의식의 장으로 다루는 것을 가능하게 했다. 다시 말해, 내재성이 순수한 의식에, 생각하는 주체에 내재하는 것으로 간주된다는 것이다. …… 그러나, 이런 식으로 해서, 칸트는 초월을 구하는 근대적인 방식을 찾은 것이다: 이제는 **어떤 것**의 초월성이 아니라, …… **주체**의 초월성이다."[8] 플라토니즘이 이 내재성의 면을 하나의 이데아라는 초월자에 귀속시켰다면, 칸트 이

---

6) 들뢰즈는 실제로 『철학이란 무엇인가?』에서 우리는 '느린 존재들'이라 말한 바 있다.
7) 들뢰즈, 『시네마 1 : 운동-이미지』, 119쪽.
8) Deleuze et Guattari, Qu'est-ce que la philosophie?, Minuit, 1991, pp.47~48.

래 주체철학은 이를 모든 인식을 가능하게 하는 선험적 형식을 가진 주체에 귀속시켰으며, 후설 이래 현상학은 이를 세계에 귀속시켰다는 것이다. 그러나 내재성은 사물에도, 주체에도, 세계에도 내재하지 않고, 그 스스로 존재하며, 그 스스로에게만 내재한다. 사물이나, 주체나, 대상이나, 세계는 모두 초월자들이다. 들뢰즈에 대해서 이 내재성을 '-에 내재하는 것'이라고 오해하지 않는 것이 아주 중요하며 근본적이다. 그런 의미에서 선험적 주체를 발명한 칸트의 작업을 들뢰즈는 이 내재성의 변질(dénaturation)이라고 보는 것이다.

 우리는 이 순수한 내재성을 비개인적 생명이라 부를 것이다. 그것은 삶에 대한 내재성이 아니며, 그 어디에도 내재하지 않는 내재적인 것으로서 그 자체로 부정법적인 생명이다. 부정법적 생명은 내재성의 내재성, 절대적 내재성이다. …… 개인의 삶은 비인칭적 삶에 자리를 내어 주지만 여전히 고유하며(singulière), 내적이거나 외적인 삶의 사건들, 즉 일어나는 것의 주관성과 객관성으로부터 해방된 순수한 사건을 펼친다. …… 이런 식의 부정성(l'indéfini)은 경험적 비결정성을 지칭하는 것이 아니고, 내재성의 규정성 혹은 선험적 규정 가능성을 말하는 것이다. …… 비개인적 생명이란 잠재적인 것들만을 포함한다. 그것은 잠재성들, 사건들, 고유성들로 이루어져 있다. 잠재적인 것이라고 부르는 것은 실재성을 결여한 것이 아니고, 현실화 과정에 연루되는 어떤 것인데, 이 과정은 그것에 고유한 실재성을 부여하는 면을 따른다.

이 단락에서는 'une vie' (a life)라는 불어를 어떤 단어로 옮길 것이냐가 가장 중요한 이슈일 것 같다. 정관사, 관사 등의 문법적 품사가 없는 우리말로서는 참 어려운 문제이다. 이를 '하나의 삶'이라고 옮기는 것은 적절하지 않은 번역이라고 생각한다. 차라리 들뢰즈의 철학적 배경을 따라, 우리가 앞서 설명한 바에 미루어, 아주 다른 단어지만 'une'를 '비개인적'으로 'vie'를 '생명'으로 옮기는 것이 어떨까? 'vie'를 삶으로 옮기는 것도 좀 껄끄럽다. 들뢰즈가 우리의 개인적 삶을 비하하거나 포기하기를 권유하는 것은 아니지만, 전개된 시간 속에 펼쳐진 삶에 대하여 항상 이를 해방시키기를 원하기 때문에, 그것이 비개인적인 것이라 할지라도 어떤 세계나 어떤 개인을 상정하는 함의를 지니는 단어로서의 삶이라는 단어를 전반성적 차원에 연결시킨다는 것이 맞지 않는다는 생각이 든다.

또한, 이해하기 쉽지 않은 다른 단어로 'singularité' (singularity) 가 있다. 이는 오랫동안 '특이성'으로 번역되어 왔는데, 이 경우는 이 단어가 수학이나 과학과의 연관성을 가지고 쓰일 때 가능하다고 생각한다. 수학에서는 (접선의 기울기가 음에서 양으로 혹은 양에서 음으로 바뀌는) 변곡점처럼 생각되는데, 이렇게 해서 들뢰즈는 복수적 본질들, 혹은 라이프니츠의 개념을 빌려 모나드들, 관점들이 우주에 변곡점처럼 분포되어 있다고 생각한 것 같다. 그런데 'singularité'라는 단어가 수학적 함의보다도 논리적 함의를 띠고 사용되기도 했다. 『차이와 반복』에서는 이것이 'particularité' (particularity)와 대비되어 쓰였는데, 이 두 개념은 또 'universalité' (universality), 'généralité' (generality) 와 대응된다. 즉 이런 맥락에서의 'singularité'는 그것들을 여럿 모아

평균값을 내거나 공통점을 추출해 내어 일반화할 수 없는 어떤 성질을 가리키는 것으로, 일반적인 것이 될 수 있는 특수성에 대비한, 보편적인 것으로서의 개별성(혹은 고유성) 혹은 단독성의 의미이다; 들뢰즈의 '차이의 존재론'에서의 우주에는 고유한 것들이 보편적으로 존재한다는 뜻이다. 이런 식으로 'singularité'라는 개념은 맥락에 따라 특이성이나 고유성 등으로 유연하게 번역될 수 있다고 본다.

참고문헌

:: 들뢰즈의 저작들

Deleuze, Gilles, *Nietzsche et la philosophie*, PUF, 1977(1962).〔이경신 옮김, 『니체와 철학』, 민음사, 1998.〕

_____, *La philosophie critique de Kant*, PUF, 1963.〔서동욱 옮김, 『칸트의 비판철학』, 민음사, 1995.〕

_____, *Proust et les signes*, PUF, 1979(1964).〔서동욱·이충민 옮김, 『프루스트와 기호들』, 민음사, 1997.〕

_____, *Nietzsche*, PUF, 1965.

_____, *Présentation de Sacher-Masoch : La Vénus à la fourrure*, Minuit, 1967.〔이강훈 옮김, 『매저키즘』, 인간사랑, 2007.〕

_____, *Différence et répétition*, PUF, 1968.〔김상환 옮김, 『차이와 반복』, 민음사, 2004.〕

_____, *Spinoza et le problème de l'expression*, Minuit, 1968.〔이진경·권순모 옮김, 『스피노자와 표현의 문제』, 인간사랑, 2002.〕

_____, *Logique du sens*, Minuit, 1969.〔이정우 옮김, 『의미의 논리』, 한길사, 2000.〕

_____, *Dialogues*, avec Claire Parnet, Flammarion, 1977.〔허희정·전승화 옮김, 『디알로그』, 동문선, 2005.〕

_____, *Spinoza : Philosophie pratique*, Minuit, 1981.〔박기순 옮김, 『스피노자의

철학』, 민음사, 1999.]

_____, *Francis Bacon: logique de la sensation*, Seuil, 2002(1981).[하태환 옮김, 『감각의 논리』, 민음사, 1995.]

_____, *Cinéma I: L'image-mouvement*, Minuit, 1983.[유진상 옮김, 『시네마 1 : 운동-이미지』, 시각과언어, 2002.]

_____, *Cinéma II: L'image-temps*, Minuit, 1985.[이정하 옮김, 『시네마 2 : 시간-이미지』, 시각과언어, 2004.]

_____, *Pourparlers: 1972~1990*, Minuit, 1990.[김종호 옮김, 『대담 : 1972~1990』, 솔, 2000.]

_____, *Critique et clinique*, Minuit, 1993.[김현수 옮김, 『비평과 진단』, 인간사랑, 2000.]

_____, "Lettre-préface", Jean-Clet Martin, *Variations; la philosophie de Gilles Deleuze*, Payot, 1993.

_____, "L'Immanence : une vie...", *Philosophie*, n° 47, Minuit, 1995.

_____, *L'île déserte et autres textes*, Minuit, 2002.

_____, *Deux régimes de fous*, Minuit, 2003.

Deleuze, Gilles et Félix Guattari, *L'Anti-Œdipe: Capitalisme et schizophrénie I*, Minuit, 1972.[최명관 옮김, 『앙띠 오이디푸스』, 민음사, 1994.]

_____, *Mille plateaux: Capitalisme et schizophrénie II*, Minuit, 1980.[김재인 옮김, 『천 개의 고원』, 새물결, 2001.]

_____, *Qu'est-ce que la philosophie?*, Minuit, 1991.[이정임 외 옮김, 『철학이란 무엇인가?』, 현대미학사, 1995.]

:: 국내 문헌

네그리, 정남영 옮김, 『혁명의 시간』, 갈무리, 2004.

박미선, 「로지 브라이도티의 존재론적 차이의 정치학과 유목적 페미니즘」, 『여/성이론』 제5호, 2002.

브라이도티, 박미선 옮김, 「유목적 정치 기획으로서의 성차」, 『여/성이론』 제5호, 2002.

신옥희, 「성과 젠더, 그리고 페미니즘」, 철학연구회 편, 『성과 철학』, 철학과현실사, 2003.
신지영 외, 『성과 사랑, 그리고 욕망에 관한 철학적 성찰』, 서광사, 1999.
양성희, 「가족, 핏줄 넘어 진화」, 『중앙일보』, 2006년 6월 1일.
양혜림·유성선·김철운, 『성과 사랑의 철학』, 철학과현실사, 2001.
이민정, 『이 시대를 사는 따뜻한 부모들의 이야기』 1권, 김영사, 1995.
이숙명, 「열린 텍스트, 닫힌 성찰」, 『프리미어』, 2002년 7월.
이한구, 「성에 관한 철학적 담론의 세 유형」, 철학연구회 편, 『성과 철학』, 철학과현실사, 2003.
주유신, 「나쁜 영화다」, 『동아일보』, 2002년 1월 11일.
최화, 「베르크손의 생애와 철학, 그리고 『시론』」, 앙리 베르크손, 최화 옮김, 『의식에 직접 주어진 것들에 관한 시론』, 아카넷, 2001.
콜브룩, 백민정 옮김, 『질 들뢰즈』, 태학사, 2004.
「국문학자와 정신과 의사가 「나쁜 남자」를 논한다」, 『씨네21』, 2002년 2월 14일.
「김기덕 보는 싸늘한 시선 따뜻해질까」, 『씨네21』, 2004년 9월 14일.
「네티즌과 김기덕 감독이 나눈 10문 10답」, 『씨네21』, 2001년 6월 8일.
「베를린에서도 재연된 「나쁜 남자」 논쟁」, 『씨네21』, 2002년 3월 2일.
「제54회 베를린 국제 영화제 결산(2): 김기덕 감독의 「사마리아」」, 『씨네21』, 2004년 3월 2일.

::해외 문헌

American Psychiatric Association, *D.S.M. III-R: Manuel diagnostique et statistique des troubles mentaux*, Masson, 1989.

Ancet, Pierre, "L'envers de la forme monstrueuse", *Annales Doctorales, n°3 Esthétiques*, sous la direction de Jean-Jacques Wunenburger et Pierre-François Moreau, Editions Universitaires de Dijon, 2000.

Aubert, Jacques, *Introduction à l'esthétique de James Joyce*, Didier, 1973.

Auvenque, Pierre, "Les Philosophies hellénistiques", *Histoire de la philosophie I, La Philosophie païenne*, ed. F. Châtelet, Hachette, 1999.

Badiou, Alain, *Petit manuel d'inesthétique*, Seuil, 1998.

_____, "Le Devoir inesthétique", *Magazine littéraire*, n° 414, novembre 2002.

Baltrušaitis, Jurgis, *Formation, déformation*, Flammarion, 1986.

Bergson, Henri, *Le Rire*, PUF, 1991.

Boudot, Pierre, et al., *Nietzsche aujourd'hui 1) intensité*, Collectif, U.G.E., 1973.

Braidotti, Rosi, "Sexual Difference as a Nomadic Political Project", *Nomadic Subjects*, Columbia University Press, 1994.

Brenifier, Oscar, et Frédéric Benaglia, *Vivre ensemble, c'est quoi?*, Nathan, 2005.

Butcher, Samuel H., *Aristotle's Theory of Poetry and Fine Art*, Dover Publications, 1951.

Canguilhem, Georges, *La Connaissance de la vie*, Vrin, 1965.

Cazamian, Louis, *L'humour de Shakespeare*, Aubier, 1945.

Châtelet, François, "Platon", *Histoire de la philosophie I, La Philosophie païenne*, Hachette, 1999.

Foucault, Michel, *Maladie mentale et psychologie*, PUF, 1954.

Girault, René, *Les religions orientales; hindouisme, bouddhisme, taoïsme; nouvelles approches*, Plon/Mame, 1995.

Goldschmidt, Victor, *Le système stoïcien et l'idée du temps*, Vrin, 1998(4e édition).

Grmek, Mirko D., "Le Concept de maladie", *Histoire de la pensée médicale en Occident*, Seuil, 1995.

Guitton, Jean, *Le temps et l'éternité chez Plotin et Saint Augustin*, Boivin, 1933.

Haury, Auguste, *L'ironie et l'humour chez Ciceron*, Leiden, Brill, 1955.

Hegel, Georg W. F., *Esthétique; textes choisis*, PUF, 1984.

Jankélévitch, Vladimir, *L'ironie*, Flammarion, 1964.

Jaedicke, Christian, *Nietzsche: figures de la monstruosité, Tératographies*,

L'Harmàttan, 1998.

Kant, Immanuel, *Critique de la raison pure*, trad. Jules Romain Barni, 1869(1781), Théorie transcendantale de la méthode, chap. II, 2e séction, 'De l'idéal du souverain bien comme principe qui détermine la fin suprême de la raison'.

Laing, Ronald David, *La Politique de l'expérience*, Editions Stock, 1980.

Lao-tseu, *Tao-tö king*, trans. Liou Kia-hway, Gallimard, 1967.

_____, *Tao te king*, traduit et commenté par Marcel Conche, PUF, 2003.

Lascault, Gilbert, *Le Monstre dans l'art occidental; un problème esthétique*, Klincksieck, 1973.

Madinier, Gabriel, *La Conscience morale*, PUF, 1963.

Ogden, Perry, *L'Atelier de Francis Bacon*, Thames and Hudson, 2000.

Rancière, Jacques, "Existe-il une esthétique deleuzienne?", *Gilles Deleuze. une vie philosophique*, sous la direction de Eric Alliez, Synthélabo, 1998.

_____, "Esthétique, inesthétique, anti-esthétique", *Alain Badiou*, textes réunis et édités par Charles Ramond, L'Harmattan, 2002.

_____, "Deleuze accomplit le destin de l'esthétique", *Magazine littéraire*, n° 406, février 2002.

Rayns, Tony, "Terrorisme sexuel, ou l'étrange cas de Kim Ki-duk", *Cahier du cinéma*, n° 597, janvier 2005.

Saura, Antonio et al., *Francis Bacon*, Galerie Lelong, 1999.

Souriau, Michel, *Le Temps*, Alcan, 1937.

Vlastos, Gregory, *Socrate; Ironie et philosophie morale*, tr. fr. Catherine Dalimier, Aubier, 1994.

Weber, Max, *Confucianisme et taoïsme*, traduction par C. Colliot-Thélène et J.-P. Grossein, Gallimard, 2000.

Wunenburger, Jean-Jacques, *Questions d'éthique*, PUF, 1993.

찾아보기

【ㄱ】

가타리(Guattari, Félix) 133~136, 144, 158, 164, 168
감각 덩어리(masse de la sensation) 151~153, 161
경험적 과거(passé empirique) 84
고유성(단수성; singularité) 91, 153, 163, 189
괴물(성) 157~161, 163~165, 172
　진실의~ 163
　~과 질병 165
　~의 이질성 159
구원(해방) 62~64, 176~177
그르멕(Grmek, Mirko D.) 167
긍정하는 힘(puissance) 90
기억(mémoire) 80~81, 84~85
　무의식적~ 84, 86~87
　의식적~ 84
　~의 능동적 종합 81
기통(Guitton, Jean) 80
김기덕
　~영화에 대한 도덕적 평가 46~47
　~의 영화 이미지 55
　~의 초기 작품 58

【ㄴ】

「나쁜 남자」 47~50, 58, 60, 64, 66, 69
내재성(immanence) 87~88, 90~91, 98, 157, 182, 187~188
내재성의 면(plan d'immanence) 88, 98, 185~187
니체(Nietzsche, Friedrich) 20, 74, 90, 98, 108~109, 114~115, 128, 174

【ㄷ】

다수성(multiplicité) 173
단수성(고유성; singularité) 91, 153, 163, 189
『더불어 산다는 것은 무엇인가』 75
데카르트(Descartes, René) 78, 152, 187
도가(道家)에 대한 오류 110~111, 118
『도덕경』(道德經) 112~115, 118~119, 126
　'하' (下)에 대한 번역 113~115
　~에서의 아이러니 126
　~에서의 해학 127
도덕과 변증법 117
동일화(identification) 25, 40, 42, 82, 109, 118, 157, 167

되기(devenir-) 40, 167~168, 176~177
　　분열-~ 164, 174~175
　　여성-~ 40~41
　　~와 미메시스 175, 178
　　~와 분열증 168
　　~와 질병 166
들뢰즈
　　~에 대한 곡해 22~25
　　~와 베르그송 124~126
　　~와 여성(주의) 22, 36~42
　　~와 자본주의 136
　　~와 플라톤 20, 27~28
　　~와 헤겔의 차이 156~157
　　~의 미학(예술) 57, 149, 151, 160, 175
　　~의 아이러니와 해학 124~126
　　~의 윤리(학) 74, 92, 98, 105~106
　　~의 이미지 52
　　~의 차이 24~26, 28, 68
DSM 169

【ㄹ】

라이히(Reich, Wilhelm) 134~135
라캉(Lacan, Jacques) 133
『라케스』(Lachès) 77
랑시에르(Rancière, Jacques) 56~57, 148~149, 152
랭(Laing, Ronald David) 173
류키아화이(Liou Kia-hway) 113~115
리쾨르(Ricoeur, Paul) 79, 99

【ㅁ】

마들렌의 상기(réminiscence) 84
마디니에(Madinier, Gabriel) 81
마르틴(Martin, Ernst) 160

모방(imitation) 40~41, 167 → 미메시스
무(無) 95
　　잠재태적인 것으로서의~ 96
무위(無爲) 110~111
무의미(non-sens) 70
무의식(inconscient) 83~84
　　~적 기억(비자발적 기억) 84, 86~87
무형의 형태(forme informelle) 162
므네모시네(Mnémosyne) 84
미메시스(모방; Mimesis) 40~41, 167, 175~176
미분화(différentié) 68, 89
미학적 체제(régime esthétique) 152
민코프스키(Minkowski, Eugène) 169

【ㅂ】

바디우(Badiou, Alain) 20, 154~156
발생적(유충적) 주체(sujet larvaire) 152, 156
발트루사이티스(Baltrušaitis, Jurgis) 159, 163
버처(Butcher, Samuel H.) 176
베르그송(Bergson, Henri) 29, 85~86, 98, 123~125, 183, 185~186
　　~의 영화 이미지 52
　　~의 해학과 아이러니 124
베버(Weber, Max) 110~111, 114, 116, 118
베이컨(Bacon, Francis) 166, 177
변증법 115~118, 120
　　~과 도덕 117
보부아르(Beauvoir, Simone de) 32~33, 37
복수성(multiplicité) 28, 39
본(Beaune, Jean-Claude) 160
「봄 여름 가을 겨울 그리고 봄」 64

분열-되기 164, 174~175
분열증 168~169, 172, 174
　되기와~ 168
　~진단 기준 170
브라이도티(Braidotti, Rosi) 33~34, 37~40
블로일러(Bleuler, Paul Eugen) 169
비개인적 생명(une vie) 188~189
비인칭(성; impersonnalité) 54, 60, 62, 98
　~적 삶(une vie) 62~63, 177, 188
　~적 의식 75, 87~88, 99~100
　~적 전(前)개인 62
　~적 전반성적 의식(conscience
　préréflexive impersonnelle) 87, 183
비자발적 기억 → 무의식적 기억
「빈집」 69

【ㅅ】

사르트르(Sartre, Jean P.) 88, 134
「사마리아」 45, 47, 60, 64
사우라(Saura, Antonio) 166
샤틀레(Châtelet, François) 77
선언적 종합 59~60
선험적 경험론 181~182, 184
선험적 장(champ transcendantal) 88, 181~182, 184, 186
소크라테스(Socrates) 77~78, 93, 117~118
소통 59~61, 64, 67
소포클레스(Sophocles)의 비극 65~66
수리오(Souriau, Michel) 81
순수 과거(passé pur) 84, 87
슐레겔(Schlegel, Friedrich) 122
스피노자(Spinoza, Baruch) 63, 74, 87, 94, 98, 104~105, 151
시간 간의 관계의 집합 52~55, 59, 63, 67
시뮬라크르(simulacre) 78

【ㅇ】

『아가멤논』(Agamemnon) 65
아르토(Artaud, Antonin) 165
아리스토텔레스(Arsistoteles) 36~37, 39, 42, 176
아우구스티누스(Augustinus, Aurelius) 52, 80, 83
　~의 시간 80, 83
아이러니 121~126
아이스킬로스(Aeschylos)의 비극 65~66
아이온(Aiôn) 23~24, 161
『안티-오이디푸스』 133, 135
알튀세(Althusser, Louis) 134
여성-되기(devenir-femme) 40~41
역량(힘; puissance) 93, 161
역효과화(contre-effectuation) 61
영원회귀 90
예술의 윤리적 비전 177~178
오리(Haury, Auguste) 123
오성(entendement) 81
『오이디푸스대왕』 66
「올드보이」 26
욕망
　들뢰즈·가타리의~ 134, 144
　정신분석학의~ 134
　~의 분열증적 운동(생산) 141~142
　~의 분열적 흐름 136~137
　~일원론 134~135
유목적 가족 146
유충적 주체 → 발생적 주체
의식 79~82
　도덕적~ 81~82
　비인칭적~ 75, 87~88, 99~100
　전반성적~ 87, 183~185
　~과 기억(mémoire) 80

~의 모호성 82
~적 기억(자발적 기억) 84
이데아 19, 26, 52, 89, 91, 95, 141, 151, 153, 176, 187
　개별적인 것의~ 20
　플라톤의~ 27
이름 없음(lacune du nom) 161
이질성(hétérogénéité) 90, 159, 163
　괴물의~ 159
이질적 생산(hétérogenèse) 90, 95, 163
『잃어버린 시간을 찾아서』 84

【ㅈ】

자기 자리에 없음(manque à sa place) 161
자발적 기억 → 의식적 기억
잠재성(virtualité) 26, 40, 43, 53, 55, 59~60, 62, 66~68, 89, 141, 157
　~의 미학 66~67
잠재의식(subconscient) 83
장켈레비치(Jankélévitch, Vladimir) 123
전(前)반성적 의식 87, 183~185
존재 그 자체(être lui-même) 39~40
존재의 일의성(univocité) 67, 92
전쟁기계(machine de guerre) 147
지로(Girault, René) 111
진실(vérités) 55~59, 64, 152~153, 155, 157, 163
　기괴한~ 166
　사건의 특이성으로서의~ 56
　차가운(froide)~ 57~59
　~과 진리(Vérité) 56, 153
　~의 괴물성 163
질병
　~과 괴물성 165
　~과 되기 166

【ㅊ】

차이(différence)
　구별로서의~ 22
　들뢰즈의~ 24~26, 28, 68
　브라이도티의~ 37~39
　상반성의~ 36~37
　소수로서의~ 21
　여성주의의~ 32, 34
　유적인~ 37, 39
　종적인~ 36~37
차이 그 자체(différence en-soi) 22~23, 26~27, 36~37, 39~43, 69, 73, 75, 85, 96, 140, 157, 161, 163
　모태로서의~ 40~42
『차이와 반복』 63
『천 개의 고원』 137

【ㅋ·ㅌ】

『카라마조프 가의 형제들』 94, 96
카오스 151~152, 161
카자미앙(Cazamian, Louis) 123
칸트(Kant, Immanuel) 29, 52, 63, 75, 78, 163, 182, 187
　~의 선험성 163
캉길렘(Canguilhem, Georges) 159~160
코기토(Cogito) 152, 187
코제브(Kojève, Alexandre) 134
콜브룩(Colebrook, Claire) 41
콩브레의 즉자 존재(l'en-soi de Combray) 84~85, 87
콩슈(Conche, Marcel) 119
탈젠더적 여성주의 42~43
통속적 마르크스주의 134
특이성의 윤리 106

【ㅍ·ㅎ】

「파란 대문」 60~61
푸코(Foucault, Michel) 29, 165
프로이트(Freud, Sigmund) 133, 143, 172, 183
프루스트(Proust, Marcel) 84~86
플라톤(Platon) 20, 27~28, 77~78, 91, 108, 141, 168~169, 176
피츠제럴드(Fitzgerald, Edward) 164
해러웨이(Haraway, Donna J.) 33
해방(구원) 62~64, 176~177
해학 121~125, 127
헤겔(Hegel, Georg W. F.) 24~25, 36, 100, 108, 150, 156~157
  ~과 들뢰즈의 차이 156~157
  ~의 미학 150
횔덜린(Hölderlin, Johann C. F.) 66, 165
횡단성(transversalité) 163
효과화(effectuation) 61
희극적 윤리 118, 121~122, 129~130
히스테리 168~169, 172